我国优秀女子青少年乒乓球运动员集训期训练特征研究

李永安 著

人民体育出版社

图书在版编目（CIP）数据

我国优秀女子青少年乒乓球运动员集训期训练特征研究 / 李永安著. -- 北京：人民体育出版社，2021（2023.12 重印）
ISBN 978-7-5009-6101-7

Ⅰ.①我… Ⅱ.①李… Ⅲ.①青少年－女子项目－乒乓球运动－运动训练－研究 Ⅳ.①G846.2

中国版本图书馆 CIP 数据核字（2021）第 214101 号

*

人 民 体 育 出 版 社 出 版 发 行
北京中献拓方科技发展有限公司印刷
新 华 书 店 经 销

*

710×1000　16 开本　9.5 印张　200 千字
2021 年 11 月第 1 版　2023 年 12 月第 2 次印刷

*

ISBN 978-7-5009-6101-7
定价：60.00 元

社址：北京市东城区体育馆路 8 号（天坛公园东门）
电话：67151482（发行部）　　邮编：100061
传真：67151483　　　　　　　邮购：67118491
网址：www.psphpress.com

（购买本社图书，如遇有缺损页可与邮购部联系）

序

  2000年，李永安考入北京体育大学教育学院，后被保送本校读研究生。2004年，李永安参与国家科技攻关计划项目《奥运优秀运动员科学选材的研究》（编号：2001BA904B01）的子课题《优秀乒乓球运动员科学选材的研究》，在该项目中，李永安主要负责对马龙、李虎、黄鞘、白石4名运动员在2004年湖北"黄石交通杯"全国乒乓球奥运集训赛中的技战术进行研究。2005年，根据国家乒乓球女子二队的需要，李永安跟随我参与到全国优秀女子青少年乒乓球运动员集训的科技服务工作中，并于2007年完成了硕士论文《中国乒乓球女子二队王珊集训技战术监控和定量诊断研究》。2011年，李永安考入北京体育大学读博。2012年，为备战伦敦奥运会，李永安参与了由国家体育总局体育科学研究所牵头的课题《国家乒乓球重点运动员备战2012年奥运会竞技状态的诊断与监测》（编号：委2011A085），并赴我国澳门进行第20届亚洲乒乓球锦标赛调研工作，该课题获得第30届奥运会科研攻关与科技服务项目三等奖。

  综上可见，乒乓球高水平后备人才的培养是李永安研究的主要方向，在国家乒乓球女子二队的科研训练实践为本书的撰写建立了坚实的基础。依据实践性原则，结合2008年至2012年全国优秀女子青少年乒乓球运动员集训的训练实践和多年跟队科研积累的材料，本书从运动员的选拔、训练计划和比赛组织、技战术诊断、体能训练等方面对我国优秀女子青少年乒乓球运动员集训期训练特征进行研究。在研究的过程中得到了参与全国优秀女子青少年乒乓球运动员集训的各位领导、教练员、科研人员、运动员和国乒训练基地工作人员的大力支持，与此同时，在本书撰写的过程中得到了北京体育大学与国家体育总局体育科学研究所多位领导、老师和同学的指导和帮助，因此本书是汇集各方面智慧的结晶。

  由于本书的素材都是真实可靠的，难免涉及相关教练员和运动员的信息，因此推迟了发表时间，但是本书从科研的角度真实记录了全国优秀女子青少年乒乓球运动员集训从 2008 年至 2012 年的发展历史，既具有学术价值又具有历史价值，对后续的训练实践和科学研究具有较好的理论指导意义。

北京体育大学博士生导师 张英波

2021 年 1 月

目 录

1 前言 …………………………………………………………………… 001
  1.1 选题依据 ………………………………………………………… 001
  1.2 研究综述 ………………………………………………………… 002
    1.2.1 乒乓球竞技训练原理 ……………………………………… 003
      1.2.1.1 乒乓球技术的竞技要素 ……………………………… 003
      1.2.1.2 乒乓球竞技的制胜因素 ……………………………… 003
      1.2.1.3 乒乓球竞技要素与制胜因素的关系 ………………… 004
    1.2.2 乒乓球竞技训练理念 ……………………………………… 004
      1.2.2.1 乒乓球"百花齐放"的训练理念 ……………………… 005
      1.2.2.2 乒乓球"女子技术男性化"的训练理念 ……………… 005
      1.2.2.3 乒乓球技术打法创新理念 …………………………… 006
    1.2.3 乒乓球竞技训练实践 ……………………………………… 008
      1.2.3.1 "三从一大"的训练原则在乒乓球训练中的应用 ……… 008
      1.2.3.2 训练周期理论在乒乓球训练中的应用 ……………… 009
      1.2.3.3 乒乓球技战术训练和技战术诊断 …………………… 010
      1.2.3.4 乒乓球体能训练与身体素质评价 …………………… 012
      1.2.3.5 乒乓球比赛的组织管理 ……………………………… 014

2 研究对象与方法 …………………………………………………… 016
  2.1 研究对象 ………………………………………………………… 016

2.2 研究方法 ·· 016
2.2.1 文献资料法 ··· 016
2.2.2 专家访谈法 ··· 016
2.2.3 问卷调查法 ··· 017
2.2.4 实证研究法 ··· 017
2.2.5 数理统计法 ··· 017
2.3 研究的技术路线 ·· 017

3 分析与讨论 ·· 019
3.1 我国优秀女子青少年乒乓球运动员集训期选拔的特征 ······ 019
3.1.1 集训期运动员的选拔准则 ······································ 019
3.1.2 集训期运动员的选拔方法 ······································ 021
3.1.2.1 运动员的选拔方法 ··· 021
3.1.2.2 运动员的地域选拔 ··· 022
3.1.2.3 运动员的年龄选拔 ··· 036
3.1.2.4 运动员的打法选拔 ··· 040
3.1.3 集训期运动员的选拔手段 ······································ 049
3.1.3.1 "积分制"竞争选拔的意义 ······························· 049
3.1.3.2 "积分制"发展的演变 ······································ 050
3.1.4 研究小结 ··· 053
3.2 我国优秀女子青少年乒乓球运动员集训期训练计划和比赛组织特征 ······ 054
3.2.1 集训期训练计划的安排 ··· 054
3.2.1.1 训练计划的内容安排 ······································ 054
3.2.1.2 训练计划的时间安排 ······································ 056
3.2.2 集训期比赛组织的方法 ··· 059
3.2.2.1 集训期比赛抽签的方法 ··································· 060
3.2.2.2 集训期比赛编排的方法 ··································· 061
3.2.3 研究小结 ··· 066
3.3 我国优秀女子青少年乒乓球运动员集训期技战术诊断的特征 ············· 066
3.3.1 技战术诊断的方法 ·· 067

  3.3.1.1 判断运动员技战术状态的根据 …………………… 067
  3.3.1.2 乒乓球技战术问题诊断的运用 …………………… 071
  3.3.1.3 乒乓球技战术诊断的试错方法 …………………… 077
 3.3.2 技战术诊断的工具 ………………………………………… 078
  3.3.2.1 乒乓球技战术诊断的思维哲学 …………………… 078
  3.3.2.2 乒乓球技战术诊断的具体操作 …………………… 079
 3.3.3 技战术诊断的评价 ………………………………………… 084
  3.3.3.1 比赛战术诊断的评价 ……………………………… 084
  3.3.3.2 技战术训练效果评价 ……………………………… 085
 3.3.4 研究小结 …………………………………………………… 089
3.4 我国优秀女子青少年乒乓球运动员集训期体能训练的特征 ………… 089
 3.4.1 体能训练的理论基础 ……………………………………… 090
 3.4.2 集训期体能训练的负荷安排 ……………………………… 092
 3.4.3 集训期体能训练的内容安排 ……………………………… 095
 3.4.4 集训期体能训练的组织管理 ……………………………… 097
  3.4.4.1 体能训练中运动员的组织管理 …………………… 097
  3.4.4.2 体能训练中教练员的组织管理 …………………… 097
 3.4.5 集训期体能训练的目标状态 ……………………………… 098
  3.4.5.1 目标状态确定的理论依据 ………………………… 099
  3.4.5.2 目标状态的身体素质评价指标 …………………… 100
  3.4.5.3 目标状态的身体素质评价标准 …………………… 105
 3.4.6 研究小结 …………………………………………………… 107

4 结论与建议 ……………………………………………………………… 108
4.1 结论 …………………………………………………………………… 108
4.2 建议 …………………………………………………………………… 109

5 附件 ……………………………………………………………………… 111
 附件一 国家乒乓球女子二队2008年队内积分办法及管理条例 ……… 111
 附件二 国家乒乓球女子二队比赛、训练作风及生活管理积分表 ……… 115

附件三　国家乒乓球女子二队 2009 年队内积分办法及管理条例 …………… 116
附件四　2011 年冬训训练时间内容及日程表 ………………………………… 119
附件五　2011 年全国优秀女子青少年乒乓球运动员冬训总教案 …………… 121
附件六　2011 年全国优秀女子青少年乒乓球运动员冬训技术教案 ………… 122
附件七　2011 年全国优秀女子青少年乒乓球运动员冬训体能教案 ………… 126
附件八　全国优秀女子青少年乒乓球运动员身体素质测试方法 …………… 128
附件九　访谈、问卷调查人员信息 …………………………………………… 131
附件十　问卷和访谈提纲 ……………………………………………………… 134

后　记 ……………………………………………………………………………… 141

1 前 言

1.1 选题依据

《2011—2020年奥运争光计划纲要》提出，以人才强体为支撑，以创新驱动为关键，以优化结构为重点，以促进人的全面发展为核心，实施"竞技体育后备人才培养工程"，制定重点项目后备人才培养规划，统筹布局、完善政策，建立规模、布局和结构合理的后备人才培养体系，使在训青少年规模保持平稳增长[1]，构建适应社会发展、充满活力的竞技体育后备人才培养体系[2]，保证竞技体育后备人才的可持续发展。

在中国乒乓球长盛不衰的50多年间，高度重视后备人才培养和梯队建设是发展乒乓球竞技运动的工作重点[3]。梯队建设是我国乒乓球运动发展的"战略纵深"，作为这个"战略纵深"的重要组成部分，国家乒乓球女子二队在国家一队和省市队之间起着承上启下的枢纽作用。在梯队建设中，"全国一盘棋，眼睛向下看"是国家乒乓球女子二队的工作理念。"全国一盘棋"就是要充分发挥举国体制的优势，全面整合和利用好全国乒乓球系统的资源；"眼睛向下看"就是要做好与各省市队沟通与交流的工作，对各省市运动员起到引导和带动作用。国家乒乓球女子二队组织的全国优秀女子青少年乒乓球运动员集训是国家队与省市队交流的平台。通过这个交流平台，运动员能够达到共同进步的目的，同时通过

---

[1] 2011—2020年奥运争光计划纲要 [EB/OL]. [2011-05-17]. http://www.olympic.cn/rule_code/2011/0517/374992.html.

[2] 青少年体育"十二五"规划 [EB/OL]. [2011-04-19]. http://www.sport.gov.cn/n321/n378/c566721/content.html.

[3] 刘凤岩，张晓蓬. 对中国乒乓球运动可持续发展的对策研究 [J]. 体育科学，2003，23（1）：48-52.

集训后的"交流"比赛也为省市优秀运动员提供了进入国家队的机会。

全国优秀女子青少年乒乓球运动员集训的主要目的是通过国家乒乓球女子二队与省市队优秀运动员共同训练，进一步提高运动员的竞技能力，不断完善我国乒乓球女子梯队建设，发现人才、培养人才，为我国乒乓球竞技运动培养年龄适宜、打法多样、竞技水平高的女子后备人才。训练是全国优秀女子青少年乒乓球运动员集训的核心，提高运动员的竞技水平，归根结底要提高训练的科学化水平。因此，分析研究全国优秀女子青少年乒乓球集训的训练特征，能够为进一步提高全国优秀女子青少年乒乓球运动员集训的训练质量提供科技支持，同时也能为我国乒乓球运动可持续发展提供理论依据。

1.2 研究综述

运动训练是为提高运动员的竞技能力和运动成绩，在教练员的指导下，专门组织的有计划的体育活动。运动训练既是竞技体育的组成部分，也是实现竞技运动目标的最重要途径[1]。运动训练是一个完整的、极为复杂的、多层次的过程[2]。随着运动训练学理论、专项训练学理论、协同论等理论与运动训练实践的不断融合，张英波指出，在现代运动训练体系的人为架构环境中，为满足专项竞技需要而逐步专项化的运动员机体，本身就是一个逐步远离自然平衡状态的多重复杂系统。运动员竞技能力由现实状态向目标状态转移的顺利实现，无疑也要紧密依赖于具有自组织功能的人体和具有非衡系统特性的运动训练体系内部多重子系统间的相互作用和协作[3]。

竞技能力和竞技状态不断涌现出非线性、不确定性、无序、多样性、动态性和不稳定性等复杂性[4]，促使教练员、运动员和科研人员不断深入研究在运动训练实践中涌现出的复杂性问题。乒乓球运动员训练的复杂性，集中体现在"乒乓球竞技训练规律的大系统"，这个大系统可以分解为三个层面，即三个子系统：竞技训练原理；竞技训练理念；竞技训练实践[5]。

---

[1] 全国体育院校教材委员会. 运动训练学 [M]. 北京：人民体育出版社，2000.
[2] 列·巴·马特维也夫. 竞技运动理论 [M]. 姚颂平，译. 上海：华东理工大学出版社，1997.
[3] 张英波. 体能主导类快速力量性项群运动员竞技能力状态转移的时空协同理论 [J]. 体育科学，2000，20（4）：24-28.
[4] 李少丹. 论竞技状态复杂性 [J]. 北京体育大学学报，2009，32（6）：11-14.
[5] 吴焕群. 中国乒乓训练原理研究 [J]. 北京体育大学学报，2004，27（2）：145-154.

1.2.1 乒乓球竞技训练原理

1.2.1.1 乒乓球技术的竞技要素

一板球是技术[1],速度、力量、旋转、弧线和落点构成了运动员在每一板击球后乒乓球在时间和空间的外在表现,这五个竞技要素是乒乓球技术可被量化的物理要素,一个包含五个竞技要素的球性,可以把它叫作球性刺激[2]。比赛中,球性的变化很多,如球速可达 20~25 米/秒,转速可达 20~180 米/秒,击球间隙为 0.16~0.4 秒,落点约有 90 个,旋转方向有 6~8 种(理论上有 26 种),弧线有 9 条,加上打法和工具性能的不同,可排列成 1400 万种不同的球性刺激。这就是说,训练安排应适应这种复杂多变的情况[3]。在训练中,运动员接触的球性刺激越丰富,运动员的适应能力越强,运动员的技术体系也就越稳定。同时,运动员击球的球性变化越丰富,对手适应的难度也就越大,运动员技术的威胁性也就越显著。可见,五个竞技要素的相互关系体现了乒乓球技术适应与反适应、准确性和威胁性的辩证关系。

1.2.1.2 乒乓球竞技的制胜因素

在乒乓球的每一分争夺中,虽然每一板球的质量很重要,但是比赛的胜负往往是经过两板或者两板以上的争夺产生的,运动员技术与技术之间的衔接显得更加重要,比赛的竞争从技术的层面提升到战术和心理的层面,这就是乒乓球竞技的制胜因素。如 20 世纪六七十年代总结完成的中国传统直拍快攻的制胜因素是"快、准、狠、变、转",以及随后陆续总结出的直拍反胶快攻打法和横拍快弧打法的"快、转、准、狠、变",横、直拍削攻打法的"转、稳、低、攻、变",横直拍弧圈结合快攻打法的"转、快、准、狠、变"等[4]。各种打法制胜因素的各个因素之间存在着必然的联系和复杂的关系,比如,随着击球速度的增加,准确性会随之下降;在过分追求准确性的同时,击球凶狠程度也会随之下降等,

---

[1] 吴焕群. 中国乒乓训练原理研究 [J]. 北京体育大学学报, 2004, 27 (2): 145-154.
[2] 国家体育总局《乒乓长盛考》研究课题组. 乒乓长盛的训练学探索 [M]. 北京: 北京体育大学出版社, 2002.
[3] 吴焕群. 论乒乓球训练安排的若干特点 [J]. 天津体育学院学报, 1999, 14 (2): 73-74.
[4] 吴焕群. 中国乒乓训练原理研究 [J]. 北京体育大学学报, 2004, 27 (2): 145-154.

这就要求运动员在平时的训练中正确处理制胜因素中各因素之间的相互关系，才能有效地进行战术训练。

1.2.1.3 乒乓球竞技要素与制胜因素的关系

竞技要素属物理学范畴、技术学范畴，是客观存在、可以量化的。制胜因素属于心理学和战术范畴，是主观的感知，是在五个物理的竞技要素的经验基础上抽象成的概念，是对事物的本质认识[1]。竞技要素与制胜因素既有区别又有联系，在运动训练实践中，要用联系的观点认识竞技训练原理中竞技要素和制胜因素两者的关系。

第一，技术是战术的基础。只有掌握了全面、实用的技术，才有可能运用多变的战术。同样，在比赛中，只有合理地运用战术，才能使技术得以充分发挥。在训练中，只有带着战术意识去练技术，才能练就真正实用的技术[2]。可见，技术与战术是紧密联系、相互依存的。第二，只有成熟稳定的心理状态才能保证在比赛中技战术的正常甚至超水平发挥。同样，只有具备了扎实的基本功和良好的战术素养，才能沉着应对任何对手并合理处理比赛中的突发情况。乒乓球高水平的对决，打到最后并不是简单的技战术对决而是心理的对决，可见心理因素在乒乓球比赛中的重要地位。第三，速度、旋转、力量、弧线和落点这五个物理的竞技要素，与运动员个人的整体技战术相结合，与各自不同打法的制胜因素相结合，就形成了各自不同水准的"快、准、狠、变、转"或各自不同水准的"转、稳、低、攻、变"或"转、快、准、狠、变"等。将这些制胜因素依运动员的个人气质、精神风貌的不同，而有所侧重地、长期稳定地结合，就形成了运动员各自不同的个人技术风格[3]。我国乒乓球运动之所以能够持续多年的跃进，其重要因素之一，就是不断地认识了技术风格的重要意义，并有效地培养了一批批具有独特风格的运动员[4]。可见，技术风格是竞技要素与制胜因素的有机结合。

1.2.2 乒乓球竞技训练理念

训练理念是训练主体对运动训练及其过程进行思维的概念或观念的形成物，

---

[1]张晓蓬.中国乒乓球队战术训练水平定量诊断方法及实践效用[D].北京：北京体育大学，2004.
[2]苏丕仁.乒乓球教学与训练[M].北京：人民体育出版社，1995.
[3]吴焕群.中国乒乓训练原理研究[J].北京体育大学学报，2004，27（2）：145-154.
[4]邱钟惠，庄家富，孙梅英，等.现代乒乓球技术的研究[M].北京：人民体育出版社，1982.

是理性认识;训练理念不是训练现实,但源于对训练实践的思考,是对训练实践的自觉反映[1]。理念与现实之间的差异和冲突往往孕育着革新[2],从20世纪60年代至今,随着世界乒乓球运动的发展,我国乒乓球竞技训练理念也不断发展创新,主要包括"百花齐放,以我为主,采诸家之长,走自己的路""女子技术男性化"技术打法创新等训练理念。

1.2.2.1 乒乓球"百花齐放"的训练理念

1956年,为促进艺术发展和科学进步,党中央提出了"百花齐放,百家争鸣"的方针。1960年,为备战在北京举行的第26届世乒赛,我国选拔出108名运动员组成国家集训队,本次集训汇集全国各种打法的高水平运动员,组成了"乒乓小世界",凝结集体的智慧,形成了"百花齐放,以我为主"的训练理念,并在第26届世乒赛上,夺得了男团、男单和女单三项冠军。通过对中国乒乓球成功经验的进一步总结,最终形成了"百花齐放,以我为主,采诸家之长,走自己的路"的训练理念。在这一训练理念的指导下,模拟训练和诱导训练应运而生,这两种训练方法中国队几十年来一直保持至今,其他国家很难做到。难怪外国运动员说自己面对的不是一个中国选手,而是一个强有力的集体[3],充分体现出我国举国体制的优势。

1.2.2.2 乒乓球"女子技术男性化"的训练理念

在中国乒乓球队教练员中,徐寅生、张燮林、蔡振华较早地提出乒乓球"女子技术男性化"的理念[4]。女子技术男性化是女子乒乓球竞技制胜的核心。女子技术男性化是一个综合性的概念,具体来说,就是根据乒乓球项目的竞技特点,制定男性化的目标,即在击球的力量、速度和旋转上要努力接近男子的能力;在落点、弧线、节奏和战术意识上要达到类似男子的水平;在实施过程中从追求技战术男性化、训练方法男性化、思维方式男性化、思想作风男性化和竞争

---

[1] 刘丹.球类运动训练理念批判[M].北京:北京体育大学出版社,2005.
[2] 张英波.动作矩阵与动作模式训练解读[J].体育科研,2011,32(4):21-25.
[3] 国家体育总局《乒乓长盛考》研究课题组.乒乓长盛的训练学探索[M].北京:北京体育大学出版社,2002.
[4] 国家体育总局《乒乓长盛考》研究课题组.乒乓长盛的训练学探索[M].北京:北京体育大学出版社,2002.

意识男性化五个方面入手[1]。从技术发展的角度看，"女子技术男性化"的训练理念受男子技术的影响比较大。

"女子技术男性化"训练理念在国家乒乓球女队中进行了大胆的实践，取得了可喜的成果，培养出李菊、张怡宁、郭跃等公认的"女子技术男性化"运动员，同时一批有潜力的"女子技术男性化"的运动员正在成长[2]。在中国乒乓球女子二队的训练实践中，主教练韩华认为，"女子技术男性化"是国家女子乒乓球队的训练宗旨，在巩固运动员单项技术的基础上，提高青少年运动员的综合作战能力是训练的目标。中国乒乓球女子二队运动员的训练还需要有所创新，有以下四点是需要改进的：①提高处理短球的能力；②提高正手技术的使用比率；③突破对方正手位，提高防守转攻的能力；④重视打法的多样性[3]。与此同时，国家队要与各个省市队教练员进行交流，强调"女子技术男性化"要从小抓起、从基层抓起，各省市队的思想要统一于国家队的指导思想[4]。可见，"女子技术男性化"的训练理念是自上而下的产物，起源于国家队，具备前瞻功能[5]，在"女子技术男性化"训练理念的指导下，各层次、各阶段要根据实际情况不断精细化训练实践的过程。在未来女子技术的发展中，女子技术男性化将占主导地位，谁"男性化"掌握得好，谁就能获得胜利[6]。

1.2.2.3 乒乓球技术打法创新理念

打法是依据技术的不断创新而演进的。换言之，只有产生一项或几项主要新技术才可能出现新打法[7]。技术与打法是两个既相对独立又相互依存的概念，存在着内在的逻辑关系，构成了技术打法[8]完整的概念，即乒乓球运动员各种击球技术和球拍性能的有机组合。在技术打法的创新中，技术是创新的内在因素，球拍是创新的外在因素。

---

[1] 施之皓. 乒乓球女子技术男性化的训练理念 [J]. 中国体育教练员，2007（4）：12-13.
[2] 国家体育总局《乒乓长盛考》研究课题组. 乒乓长盛的训练学探索 [M]. 北京：北京体育大学出版社，2002.
[3] 韩华. 女子技术要由"细"到"全" [J]. 乒乓世界，2006（5）：34.
[4] 韩华. 中国乒乓球女子后备人才的培养 [Z]. 北京：2007年国家乒乓球队教练员竞聘报告，2007.
[5] 梁宏达. "女子技术男性化"有多远？[J]. 乒乓世界，2004（11）：53.
[6] 施之皓. 乒乓球女子技术男性化的训练理念 [J]. 中国体育教练员，2007（4）：12-13.
[7] 丘钟惠，吴焕群，庄家富，等. 世界乒乓球技术和打法演进过程及其规律 [J]. 体育科学，1992，12（3）：24-26.
[8] 国家体育总局. 乒乓球 [M]. 北京：人民体育出版社，2005.

1 前　言

技术的创新包括两个方面的内容：①对乒乓球技术发展规律的认识和制胜因素的认识[1]，属于从技术的理论层面进行创新。比如，中国乒乓球技术指导思想是一个逐步形成的过程。20世纪60年代是对"速度"的认识，它及时总结了近台快攻成功经验的核心要素是快。随着弧圈球技术的不断完善，1972年，引起了对弧圈球技术的讨论，在中国近台快攻的"以快为主""以快制转"的技术指导思想中加大了"旋转"概念的分量[2]。②技术动作操作方法、技术动作整合、技术手段、技术类型打法（个人技术风格）以及作为反馈的比赛[3]，属于从技术的实践层面进行创新。比如，王皓的成功，证明了直拍横打技术的创新，并闯出了一条直拍发展的新路。

球拍的创新主要是指胶皮性能的创新，20世纪60年代，在使用正胶的过程中，"魔术师"张燮林偶然发现长胶的特殊性能，并在实践中成功掌握长胶的性能。长胶的创新不仅使削球技术打法获得新生，而且开创了乒乓球两面不同性能球拍的时代，催生了两面不同性能胶皮的削球和进攻两种技术打法，削球技术打法的代表人物是张燮林、梁戈亮、陆元盛、丁松等，进攻技术打法的代表人物有倪夏莲、葛新爱、蔡振华、邓亚萍、王涛等。当时，在他们中有很多人都是作为中国队的"秘密武器"参赛的，反映出他们技术打法的新异性和创新性，为我国乒乓球的长盛不衰做出了杰出的贡献。

一个世纪以来，以创新为驱动力，中国乒乓球队对乒乓球运动的制胜规律、专项理论和训练理论进行不断研究，在技术打法方面进行了大量的创新工作。比如，世界乒乓球技术、打法和器材的创新共46项，其中由中国创造的达27项，占创新总数的58.7%[4]。"创新才有生命力"是乒乓球界流行的一句话，不断的创新，不断突破原有的"范式"[5]，每一次"突破"的最终标志只有一个东西，那就是实实在在可以测量、可以记录、可以使用的"新技术"。中国乒乓球队之所以近五十年来成就辉煌，"范式"突破是最大的原因[6]。也正是这种

---

[1] 唐建军. 中国乒乓球技术体系建构的科学认识及其操作过程 [J]. 体育科学，2001，21（6）：38-40.
[2] 北京体育学院. 乒乓球讲义 [Z]. 北京：北京体育学院，1972.
[3] 唐建军. 中国乒乓球技术体系建构的科学认识及其操作过程 [J]. 体育科学，2001，21（6）：38-40.
[4] 肖天，梁晓龙，王鼎华，等. 中国乒乓球队技术进步的哲学分析 [J]. 武汉体育学院学报，2006，40（7）：1-6.
[5] 托马斯·库恩. 科学革命的结构 [M]. 金吾伦，译. 北京：北京大学出版社，2003.
[6] 肖天，梁晓龙，王鼎华，等. 中国乒乓球队技术进步的哲学分析 [J]. 武汉体育学院学报，2006，40（7）：1-6.

"范式"的突破，为中国乒乓球技术打法的发展提供了哲学支撑。

1.2.3 乒乓球竞技训练实践

1.2.3.1 "三从一大"的训练原则在乒乓球训练中的应用

20世纪60年代初期，"三从一大"训练原则起源于军队的郭兴福教学法，在总结以往的训练经验的基础上，我国体育界提出了"三从一大"训练原则，用于指导各项目的运动训练实践。在乒乓球运动训练中，"从难"就难在对乒乓球运动规律和发展趋势的把握；"从严"就严在严格按照实战的需要组织训练；"从实战出发"的重点是在实践中正确处理训练和比赛之间的关系，正确认识"为何练"和"练什么"两个问题；"大运动量"关键是要根据实战需要合理安排训练的运动量和运动强度，并处理好训练负荷与恢复的关系。

根据世界乒乓球发展的趋势，中国乒乓球队在坚持"三从一大"训练原则的同时，一直都发展地看待"三从一大"训练原则。2002年，时任国家体育总局副局长的李富荣在全国国家级教练员培训班上说，"从实战出发是'三从一大'科学训练原则的核心内容。能否真正贯彻执行'三从一大'，关键在于训练中是不是从实战出发"[1]。2003年，时任国家体育总局局长助理的蔡振华结合自己的经验指出："在进行技术训练时，教练员紧紧抓住'从实战出发'这一核心环节，想方设法使技术训练在有针对性的对抗气氛中进行，尽量纠正那些不难、不严、不结合实战需要的训练内容和方法。"[2]

可见，随着世界乒坛赛事的日益频繁，中国乒乓球队科学实践"三从一大"训练原则，最重要是抓住"从实战出发"这个核心，牢固树立"练"与"赛"统一的训练指导思想[3]，遵循乒乓球运动的基本规律，不断探索世界乒乓球运动的发展趋势，突出乒乓球训练的针对性与有效性，探索"板块"训练理论[4]在乒乓球训练中的规律，为创造优异的运动成绩服务。

---

[1] 李富荣谈如何努力成为一名优秀教练员 [N]. 中国体育报，2002-12-10.

[2] 蔡振华. 发扬传统从零开始与时俱进再创辉煌 [R]. 武汉：全国竞技体育工作会议经验交流材料，2003，3.

[3] 邓云龙. "三从一大"训练原则的哲学认识与基本内容 [J]. 上海体育学院学报，2008，32（1）：86-90.

[4] 李少丹. "周期"训练理论与"板块"训练理论的冲突 [J]. 北京体育大学学报，2008，31（5）：679-681.

1.2.3.2 训练周期理论在乒乓球训练中的应用

随着竞技体育职业化和商业化的不断发展，传统训练体系遇到的突出问题集中表现在传统训练周期框定与高频比赛之间的冲突[1]。中国乒乓球队在2012年全年国际、国内比赛共有30余个，除国际乒联职业巡回赛可以选择性地参加以外，其他诸如全国乒乓球锦标赛、乒超联赛、世锦赛、世界杯、奥运会等赛事中国乒乓球队都要参加，平均一个月就有两到三个比赛，如此高密度的赛事安排，促使教练员和运动员重新审视竞技训练实践。

在现代赛制下，中国乒乓球队对马特维也夫（Matwejew）的"训练周期"[2]理论进行甄别和反思，采用"板块"（Block）的训练模式组织训练，科学处理训练与比赛之间的固有联系和差异：训练是运动员竞技能力多种时空要素自身强化和相互有序协同的充实过程，注重系统连贯、内向积累、多元调整和整体竞技能力各个决定因素协调发展；而比赛则是多种时空要素在自身强化和相互有序协同基础上的发挥过程，强调适宜时机、外向表现、集中控制和运动成绩独立指标的非衡突破[3]。国家队集中训练的体制没有变，只是根据赛事频繁的特点，改变以往长周期训练的模式，调整为小周期[4]。在2012年伦敦奥运会之前，根据奥运会高压力、强对抗的特点，中国乒乓球男、女队分别在厦门和成都进行了为期一个多月的封闭训练，打牢运动员的基础能力、提高运动员的专项能力、保持专项能力在一个高水平，每个参赛运动员都进行针对性极强的个性化训练，完成奥运赛前阶段性突出重点发展[5]。在封闭训练以后，中国乒乓球男、女队在成都进行了热身赛，为伦敦奥运会做好了充分的参赛准备，并最终在伦敦奥运会上获得了男、女团体和男、女单打的四枚金牌。在2012年全年的比赛中，依据小周期板块训练理论，中国乒乓球队还成功参加了当年的所有国际大赛。实践证明，小周期板块训练理论适用于新形势下中国乒乓球队训练实践，保证了我国乒乓球竞技水平世界领先地位。

---

[1] 张英波. 动作矩阵与动作模式训练解码 [J]. 体育科研, 2011, 32 (4): 21-25.
[2] 马特维也夫. 体育理论与方法 [M]. 姚颂平, 译. 北京: 北京体育大学出版社, 1994.
[3] 张英波, 郑颐乐. 田径快速力量性项目比赛竞技能力表现特征的调查分析 [J]. 北京体育大学学报, 1999, 22 (4): 106-109.
[4] 国家体育总局《乒乓长盛考》研究课题组. 乒乓长盛考 [J]. 体育文化导刊, 2002 (5): 6-11.
[5] 李庆, 李景丽, 顾扬, 等. 现代运动训练周期理论的思考和讨论 [J]. 体育科学, 2004, 24 (6): 52-55.

1.2.3.3 乒乓球技战术训练和技战术诊断

依据田麦久的项群训练理论，乒乓球属于技能主导类隔网对抗性项群，技术和战术在乒乓球运动员竞技能力各决定因素中占决定性作用[1]，技战术训练是乒乓球训练实践的核心。运动技术既是完成体育动作的方法，也是运动员竞技能力水平的重要决定因素。竞技战术指在比赛中为战胜对手或为表现出期望的比赛结果而采取的计谋和行动[2]。在乒乓球运动训练实践中，技术与战术的关系密不可分。

邱钟惠等认为，技术和战术关系，历来是明确的。我国运动员的实践经验是：技术是战术的基础，战术是由各种技术组成的[3]。苏丕仁认为，发球的动作方法、怎样用力就更旋转等，是技术问题，而发球至什么落点、怎样配套，属于战术问题[4]。岑淮光等认为，结合技术是通往战术的桥梁[5]。唐建军认为，在完成乒乓球基本技术动作的学习后，乒乓球技术动作的战术形成就成为训练中根本要求和重点训练内容。在乒乓球战术形成过程中，乒乓球单一技术、结合技术等均向单个战术和单个战术的组合进行转化，在一定的战术体系下，运动员在比赛中均表现出相对稳定的、主要的战术运用模式[6]。在乒乓球比赛中，运动员根据自己和对手的具体情况，正确而又有目的地把自己所掌握的各种技术组合起来，充分发挥自己的技术风格特点，制约对方的长处，抓住对方的弱点，为战胜对方所采取的合理有效的手段和方法，就形成了战术。战术是以基本技术和技术实力为基础。技术掌握得全面、纯熟、实用、有质量，才能完成比赛中的战术实施。因而，平时的技术训练要在一定的战术要求下进行，要带着战术和比赛的观念去练技术，才能练得活，才能达到练以致用的目的[7]，赛练结合，提高技战术训练的实战性。

在技战术训练安排中，吴焕群认为，在思想上、认识上，要理解和把握好训

---

[1] 田麦久. 项群训练理论 [M]. 北京：人民体育出版社，1998.
[2] 全国体育院校教材委员会. 运动训练学 [M]. 北京：人民体育出版社，2000.
[3] 邱钟惠，庄家富，孙梅英，等. 现代乒乓球技术的研究 [M]. 北京：人民体育出版社，1982.
[4] 苏丕仁. 乒乓球教学与训练 [M]. 北京：人民体育出版社，1995.
[5] 岑淮光，王吉生，赵颖，等. 怎样打好乒乓球 [M]. 北京：人民体育出版社，2001.
[6] 唐建军. 乒乓球战术体系：技术动作的战术形成及其运用模式 [J]. 北京体育大学学报，2009，32 (4)：105-107.
[7] 国家体育总局. 乒乓球 [M]. 北京：人民体育出版社，2005.

1 前言

练安排的"五性"：方向性、复杂性、对抗性、随机性和精确性；在实践上、操作上，要把握好六对矛盾性安排的"度"：突出特长与技术全面、多球训练与单球训练、诱导训练与模拟训练、正手爆发力训练与两面摆速训练、步法训练与手法训练、有序训练与无序训练[1]。以上训练观念和训练操作，是中国乒乓球在原有赛制以练为主训练模式下形成的训练安排特点。随着国际、国内赛事的不断增多，该种模式训练周期长、比赛交流少，训练的针对性不强，使赛练脱节的矛盾日益突出，从而影响了运动员技战术的发展[2]。在过去训练安排特点的基础上，中国乒乓球队逐渐认识到正确处理训练和比赛关系的重要性，国家队积极探索赛练结合、以赛带练的规律[3]，形成训练和比赛关系的良性循环，不断提高运动员的技战术水平。

科学准确的诊断是提高乒乓球技战术训练水平的前提。因为，没有科学的诊断，对运动训练过程的有效控制是不可能实现的[4]。吴焕群等从运动员比赛能力的整体观出发，提出了"三段评估理论"，并以得分率和使用率为评价指标，提出了乒乓球比赛制胜的经验模式[5]。运用"三段评估理论"，以国家乒乓球队为研究对象，张晓蓬提出了竞技乒乓球运动战术训练水平定量诊断方法[6]；张瑛秋将乒乓球比赛中技战术定量诊断评价方法运用到运动员平时的技战术训练中，为运动员的训练进行现场统计和评价[7]；李永安对国家乒乓球女子二队队员王珊进行为期一个多月的技战术训练监控，探索短期技战术监控及集中突破的定量诊断研究的实践意义[8]；张辉等运用多媒体技战术分析方法，为中国乒乓球队奥运备战训练和比赛进行了科研攻关与科技服务工作[9]。以"三段评估理论"为基础，通过运动训练学与计算机科学的交叉，实现了乒乓球技战术训练诊断从定性研究向定量研究、从抽象到直观、从数据滞后训练到及时反馈的发展，

---

[1] 吴焕群. 论乒乓球训练安排的若干特点 [J]. 天津体育学院学报, 1999, 14 (2): 73-74.
[2] 杨树安, 张晓蓬. 对中国乒乓球队科学训练的思考 [J]. 体育科学, 2000, 20 (2): 30-33.
[3] 国家体育总局《乒乓长盛考》研究课题组. 乒乓长盛考 [J]. 体育文化导刊, 2002 (5): 6-11.
[4] 田麦久, 武福全, 等. 运动训练科学化探索 [M]. 北京: 人民体育出版社, 1988.
[5] 吴焕群, 李振彪, 陶志翔, 等. 乒乓球比赛中实力与技术诊断的方法及其应用效果 [J]. 国家体委体育科学研究所学报, 1989 (1): 32-41.
[6] 张晓蓬. 中国乒乓球队战术训练水平定量诊断方法及实践效用 [D]. 北京: 北京体育大学, 2004.
[7] 张瑛秋. 乒乓球运动员技战术训练质量定量研究 [J]. 天津体育学院学报, 2006, 21 (4): 306-309.
[8] 李永安. 中国乒乓球女子二队王珊集训技战术监控和定量诊断研究 [D]. 北京: 北京体育大学, 2007.
[9] 张辉, 虞丽娟, 刘雅玲, 等. 中国乒乓球队奥运攻关研究报告 [J]. 体育科研, 2008, 29 (6): 6-9.

为中国乒乓球队技战术训练提供了科学支撑。

1.2.3.4 乒乓球体能训练与身体素质评价

运动员体能指运动员机体的基本运动能力，是运动员竞技能力的重要构成部分。运动员体能发展水平是由其身体形态、身体机能及运动素质的发展状况所决定的[1]。一名优秀的乒乓球运动员必须以全面、优秀的体能作为基础，才能在世界乒坛占有一席之地，若体能的某一方面有欠缺，是难以有大的作为的[2]。乒乓球运动训练的发展趋势是战术变化更加多样，战术决策对比赛结果影响更加突出，体能的作用加大[3]，可见体能训练在乒乓球训练中的重要地位。在乒乓球体能训练中，素质在运动员竞技能力各决定因素中占决定性作用[4]，在素质外在表现的各种能力中，依主次关系排序为：灵敏素质、速度素质、力量素质、协调能力、耐力素质和柔韧素质[5]。

当今，世界乒坛竞争激烈，一方面是运动技术的竞争，另一方面是专项素质的竞争[6]。唐建军根据乒乓球运动员机体能量代谢的特点、乒乓球运动项目的特点、乒乓球运动主要技术动作特点，用专项基础身体素质训练和专项身体素质训练两个概念对专项练习方法按照技术动作的解剖学、生理学和乒乓球技术动作本身进行归类。专项基础身体素质训练，是指该素质练习方法在专项身体素质上能紧密围绕专项需要，为专项身体素质训练水平的提高提供最直接的帮助，而专项身体素质训练则是由乒乓球技术动作和战术要求构成的专门性素质练习[7]。吴焕群认为，在选择或创造专项身体素质的训练手段时，就要注意到它的性质与专项运动的技术动作结构和神经肌肉用力的性质相符合或相接近，注意到它给予机体的影响（形态的、生理的、生化的）与专项运动给予机体的影响相接近[8]。乒乓球专项身体素质训练必须最大限度发展与专项技术有密切相关度的

---

[1] 全国体育院校教材委员会. 运动训练学 [M]. 北京：人民体育出版社，2000.
[2] 国家体育总局. 乒乓球 [M]. 北京：人民体育出版社，2005.
[3] 全国体育院校教材委员会. 运动训练学 [M]. 北京：人民体育出版社，2000.
[4] 田麦久. 项群训练理论 [M]. 北京：人民体育出版社，1998.
[5] 李金龙，刘英辉，梁波. 我国乒乓球运动制胜因素的专项身体素质训练学回顾与展望 [J]. 成都体育学院学报，2007，33（4）：59-63.
[6] 杨树安，张晓蓬. 对中国乒乓球队科学训练的思考 [J]. 体育科学，2000，20（2）：30-33.
[7] 唐建军. 乒乓球专项身体素质训练内容、方法及训练控制的研究 [J]. 体育科学，1998，18（5）：35-37.
[8] 吴焕群. 乒乓球运动员的专项素质及其训练 [J]. 天津体育学院学报，2001，16（2）：72-73.

1 前言

灵敏、反应、速度、力量、移动和挥臂速度,无氧代谢和有氧代谢不断交替的专项耐力,这样才能充分保证运动员在比赛中发挥技战术水平[1]。

多球训练是发展专项素质的常用手段[2]。彭瑞等指出,多球步法训练(推—侧—扑)后的血乳酸浓度在 6.7±2.44 毫摩尔/升,血乳酸水平明显超过比赛,对发展运动员的肌肉专项耐力和耐乳酸能力是很有效的[3]。杨忠华对 9~11 岁男少儿进行了"推—侧—扑"不同方案的多球训练研究提出,35 球/组训练效果最好,训练强度较大,对提高少儿运动员有氧能力及无氧能力、提高专项速度素质及提高心血管及呼吸系统机能都是有利的[4]。吴焕群认为,发展乒乓球运动员的专项速度和灵敏可采用推挡—侧身—扑正手抢攻,30 秒为一组,间隔 1 分钟,每次做 3 组[5]。屈建华等认为,10~30 秒的推—侧—扑的多球训练可有效发展运动员 ATP-CP 系统的供能,30 秒至 1 分 30 秒的多球训练可发展运动员的 ATP 和乳酸供能系统[6]。李裕和等通过对广东省女子乒乓球队队员多球训练研究认为,每次 80 球,间歇 50 秒,共 20 次的多球训练的强度、密度和运动量对高水平女子乒乓球运动员比较适宜,既达到大强度、大运动量训练的要求,又能保持较高的击球成功率[7]。

我国儿童少年早期训练中"拔苗助长""过早早期专项化训练"的短期行为和不注意基础训练的问题十分严重[8]。乒乓球运动员训练的起始年龄为男子 6.1±1.5 岁,女子 6.0±1.3 岁;进入专业队年龄为男子 11.4±1.3 岁,女子 11.7±1.7 岁;世界前三名年龄为男子 19.4±2.8 岁,女子 17.8±1.6 岁[9]。乒乓球运动员从很小就开始进行系统的训练,出成绩的年龄也比较早,因此在长年的训练中,如何安排体能训练是运动员科学训练的关键。状态诊断是实施有效训练控制

---

[1] 唐建军. 乒乓球运动教程 [M]. 北京:北京体育大学出版社,2005.
[2] 唐建军. 乒乓球专项身体素质研究状况及其训练方法 [J]. 成都体育学院学报,1997,23(2):24-28.
[3] 彭瑞,梁焯辉. 青少年乒乓球运动员有氧无氧能力代谢特点的研究 [J]. 广州体育学院学报,1994,14(4):62-90.
[4] 杨忠华. 对男少儿乒乓球运动员多球训练强度的探讨 [J]. 广州体育学院学报,2000,20(30):104-107.
[5] 吴焕群. 乒乓球运动员的专项素质及其训练 [J]. 天津体育学院学报,2001,16(2):72-73.
[6] 屈建华,黄敬华. 乒乓球专项体能训练探讨 [J]. 武汉体育学院学报,2003,37(3):77-79.
[7] 李裕和,罗兴华,钟纯正,等. 多球训练在女子乒乓球运动员专项素质训练中的运用 [J]. 中国体育科技,2005,41(2):71-72.
[8] 徐本力. 早期训练科学化的提出及系统化训练理论 [J]. 山东体育学院学报,2001,17(50):1-6.
[9] 全国体育院校教材委员会. 运动训练学 [M]. 北京:人民体育出版社,2000.

的重要前提，训练目标是制订训练计划的重要依据[1]，对运动员身体素质的科学评价对体能训练具有导向作用。张瑛秋对1990—1993年全国业余体校乒乓球赛的男、女运动员的身体素质数据进行处理，选定了60米、跳绳、绕台跑、移步换球和扣球击远五项身体素质测验指标，并对所有参赛运动员的身体素质情况进行综合评价和排序[2]。周爱国对我国优秀男子乒乓球运动员的体能评价体系进行了研究，确定了正手扣球击远、10米折返跑、侧滑触杆、30秒快挺、30秒双摇跳和立定跳远六项体能指标，并构建了我国优秀乒乓球运动员的体能特征模型[3]。张瑛秋在2003年国家奥运集训队运动员体能测试的基础上制定了评价标准，并对我国优秀青少年乒乓球不同运动等级运动员体能训练水平进行了综合评价[4]。孙葆刚对我国104名6~12岁的优秀儿童乒乓球运动员专项体能水平现状与评价诊断进行研究，揭示该群体的专项体能特征和规律，并可建立不同年龄运动员专项体能指标的评分标准[5]。

1.2.3.5 乒乓球比赛的组织管理

2001年，在解放军体育学院和中国乒协联合研制的CATS乒乓球竞赛组织管理系统[6]中，比赛方法包括循环赛和淘汰赛两类。2003年，程嘉炎[7]将球类运动竞赛的主要方法分为循环赛和淘汰赛两类。2005年，张瑛秋等[8]在乒乓球竞赛安排中也是以循环赛和淘汰赛为基础对比赛进行组织管理。2011年，在中国乒乓球协会编译的《乒乓球竞赛规则》[9]中，乒乓球比赛的组织管理方法主要分为循环赛和淘汰赛两类。由此可见，在现有的乒乓球比赛的组织管理方法中，主要对循环赛和淘汰赛两类比赛方法进行了研究。但是在训练中，教练员经

---

[1] 田麦久. 论运动训练过程 [M]. 成都：四川体育出版社，1988.
[2] 张瑛秋. 对目前我国优秀少年儿童乒乓球运动员身体素质训练水平综合评价的研究 [J]. 体育科学，1998，18（4）：49-52.
[3] 周爱国. 11分赛制下我国优秀男子乒乓球运动员体能评价体系的建构 [J]. 北京体育大学学报，2006，29（9）：1281-1282.
[4] 张瑛秋. 乒乓球运动员技战术训练质量定量研究 [J]. 天津体育学院学报，2006，21（4）：306-309.
[5] 孙葆刚. 我国优秀儿童乒乓球运动员专项体能水平现状与评价诊断研究 [D]. 北京：北京体育大学，2008.
[6] 张桦，赖勇辉. 乒乓球竞赛电脑编排指南 [M]. 北京：军事宜文出版社，2001.
[7] 程嘉炎. 球类运动竞赛法 [M]. 北京：人民体育出版社，2003：101-110.
[8] 张瑛秋，李今亮. 乒乓球竞赛工作指南 [M]. 北京：北京体育大学出版社，2005.
[9] 中国乒乓球协会. 乒乓球竞赛规则（2011）[M]. 北京：人民体育出版社，2011.

1 前言

常采用对抗赛的比赛方法,让两组运动员进行对抗。由于对抗赛一般应用于训练性比赛,而研究人员普遍没有直接参训的经历,因此缺乏对抗赛组织管理方法的研究。

竞技训练原理、竞技训练理念、竞技训练实践三个子系统构成了乒乓球竞技训练规律的大系统。乒乓球竞技训练规律大系统的结构是乒乓球运动训练系统的整体构架,是竞技训练原理、竞技训练理念、竞技训练实践三个子系统及其各要素之间的特殊关联。运动员训练系统结构具有要素的多元性、层次的多重性、关联的非线性和系统构型的多样性的复杂性特征。结构决定功能,功能反映结构[1]。运动员训练系统结构的复杂性又决定了训练效果和比赛结果的复杂性,训练效果和比赛结果的复杂性反映了训练系统结构的复杂性。对竞技训练规律大系统结构复杂性内涵的研究可以从理论上指导乒乓球运动训练实践,并在中国乒乓球运动长盛不衰的实践中得以反映,实现了中国乒乓球运动"实践、认识、再实践、再认识"发展的哲学思想,具有重要的理论意义和实践意义。

竞技体育领域经常出现青黄不接、人才断档的困境,致使项目发展要么昙花一现,要么大起大落。中国乒乓球队之所以能做到新人辈出,人才不断,是由于实施了可持续发展战略,长期重视后备队伍建设,构建了一条"人才生产线"。搞好国家二队建设,是乒乓球多出和快出人才的一条成功经验。从 20 世纪 50 年代后期成立国家青年队以来,一代又一代世界冠军都是经过这一道工序锻造出来的。为防止由于建立了二队,影响省市队运动员的训练积极性,而国家集训队员又容易满足于自然接班,国家二队采取了流动的集训体制。每年进行两次的全国青少年优秀运动员的集训,国家二队也同时参加,人数达到男女各 60 人左右。通过练赛紧密结合的大集训,对国家二队不断进行调整,训练和比赛成绩优异的进入国家二队,其余的回省市队训练[2]。可见,国家乒乓球女子二队组织的全国优秀女子青少年乒乓球运动员集训是"人才生产线"上重要的一环,但是从以往的研究来看,对全国优秀女子青少年乒乓球运动员集训,特别是多年系统训练的研究很少见到。

---

[1] 李少丹. 论竞技状态的复杂性 [J]. 北京体育大学学报, 2009, 32 (6): 11-14.
[2] 国家体育总局《乒乓长盛考》研究课题组. 乒乓长盛考 [J]. 体育文化导刊, 2002 (5): 6-11.

2 研究对象与方法

2.1 研究对象

本书的研究对象为我国优秀女子青少年乒乓球运动员集训期训练特征。

本书的调查对象为我国优秀女子青少年乒乓球运动员，界定为参加2008年至2012年全国优秀女子青少年乒乓球运动员集训的人员，这部分人员主要包括国家乒乓球女子二队队员，通过全国性青少年比赛选拔、全国优秀苗子集训选拔、被国家队或省市队选调的运动员，以及自费参加集训的运动员。

2.2 研究方法

2.2.1 文献资料法

检索和收集有关乒乓球训练原理、训练理念、技战术诊断、体能训练、比赛组织管理等方面的大量文献资料，在阅读和整理各类文献的基础上，根据全国优秀女子青少年乒乓球运动员集训的特点，对相关文献资料进行重点分析，并做分类整理和综合研究。

2.2.2 专家访谈法

在本书选题和对我国优秀女子青少年乒乓球运动员集训期训练特征的研究中，对国家体育总局乒乓球羽毛球运动管理中心领导、国家体育总局体育科学研究所领导、国家乒乓球女子二队教练员、参加集训的各省市队教练员，以及运动训练方面的专家教授进行调查访问，综合各方面专家的建议，确定论文研究方向并展开研究。

2.2.3 问卷调查法

对参加 2008 年至 2012 年全国优秀女子青少年乒乓球运动员集训的国家队教练员、各省市队教练员就我国优秀女子青少年乒乓球运动员集训期训练特征研究的相关内容进行问卷调查。

《全国优秀女子青少年乒乓球运动员集训选拔准则》问卷共发放 42 份，回收 42 份，回收率 100%，有效 42 份，有效率 100%。

《全国优秀女子青少年乒乓球运动员集训身体素质综合评价》问卷共发放 12 份，回收 12 份，回收率 100%，有效 12 份，有效率 100%。

《一支乒乓球队运动员打法类型最佳构成》问卷共发放 17 份，回收 17 份，回收率 100%，有效 17 份，有效率 100%。

2.2.4 实证研究法

通过对 2008 年至 2012 年全国优秀女子青少年乒乓球运动员集训进行跟踪调查，现场收集了全国优秀女子青少年乒乓球运动员集训的第一手材料，并对相关测试结果进行综合整理和分析。

2.2.5 数理统计法

运用 Excel 和 SPSS 对统计数据进行分析，主要对实证调查、问卷调查、技战术分析、体能测试等方面的数据进行统计分析。

2.3 研究的技术路线

本研究的技术路线如图 2-1 所示。

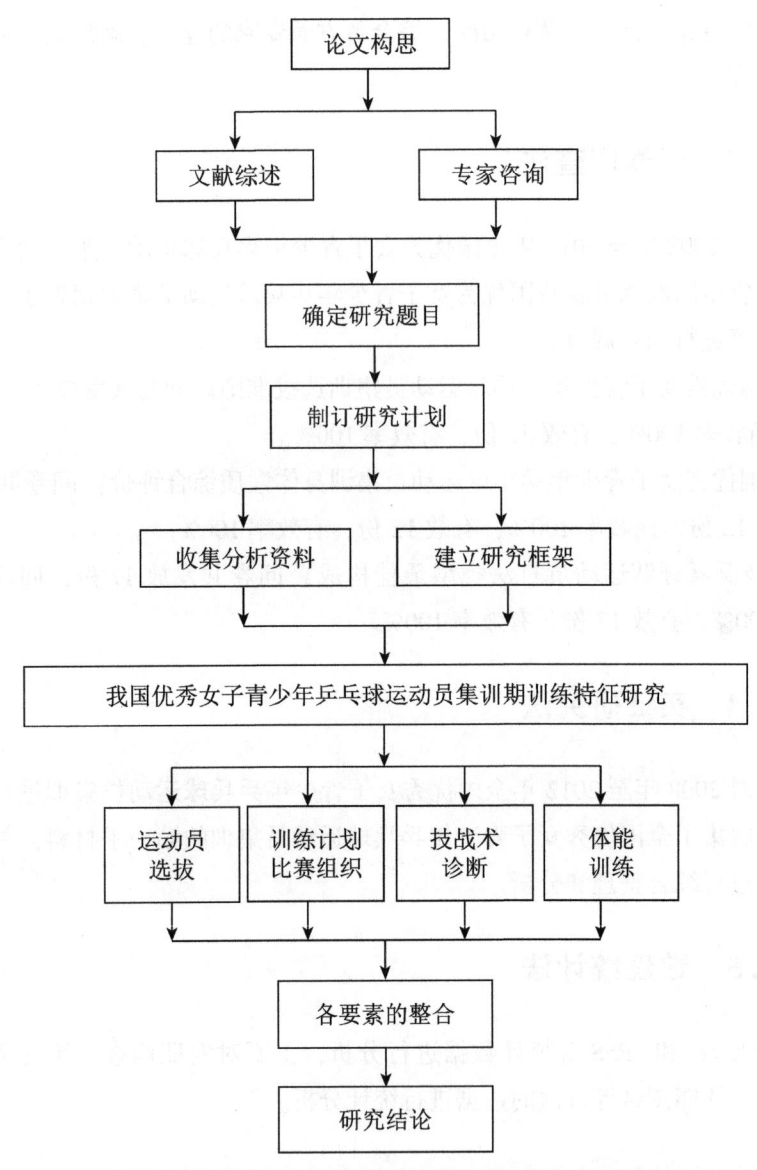

图 2-1 我国优秀女子青少年乒乓球运动员集训期训练特征研究技术路线

3 分析与讨论

3.1 我国优秀女子青少年乒乓球运动员集训期选拔的特征

运动员的选拔是全国优秀女子青少年乒乓球运动员集训工作的开端。作为全国优秀女子青少年乒乓球运动员集训的参与者,运动员是训练的主体,是教练员培养的对象。因此,全国优秀女子青少年乒乓球运动员集训的首要工作就是选拔适宜的运动员参训。

3.1.1 集训期运动员的选拔准则

全国一盘棋[1]是我国后备人才梯队的建设理念,其本质含义是强调后备人才梯队建设中要有大局观,主要目的是通过统筹布局、完善政策,建立规模、布局和结构合理的后备人才培养体系。在全国一盘棋梯队建设理念的指导下,以全国优秀女子青少年乒乓球运动员集训为平台,国家乒乓球女子二队制定了集训运动员的选拔准则,并对其重要程度向参训教练员进行了调查,结果如表 3-1 所示。

表 3-1 参训运动员选拔准则的重要程度（$n=42$）

选拔准则	5分	4分	3分	2分	1分	总分	得分率/%	排序
运动员成绩择优	39	3	0	0	0	207	98.6	1
公平公正公开选拔	35	4	3	0	0	200	95.2	2

---

[1] 国家体育总局《乒乓长盛考》研究课题组. 乒乓长盛考 [J]. 体育文化导刊, 2002 (5): 6-11.

续表

选拔准则	5分	4分	3分	2分	1分	总分	得分率/%	排序
运动员年龄真实性	30	11	1	0	0	197	93.8	3
运动员适宜年龄优先	29	11	2	0	0	195	92.9	4
运动员特殊打法优先	24	10	4	4	0	180	85.7	5
特殊地区运动员优先	1	1	31	5	4	116	55.2	6
全国各地区运动员均衡	0	2	17	14	9	96	45.7	7

从表3-1可见，在参训运动员的选拔准则中，运动员成绩择优的得分率为98.6%，排在第一位，因此教练员认为，在集训队运动员选拔中，运动员的成绩最具有说服力。公平公正公开选拔排在第二位，这是因为在每次集训运动员规模控制在70人左右的前提下，能够在中国乒乓球协会注册的约1000名女子运动员中脱颖而出，进入全国优秀女子青少年乒乓球运动员集训的名单，可想而知，对于各个省市和每一名运动员来说是多么宝贵的机会，因此教练员希望能够根据运动员的比赛成绩公平、公正、公开地给予运动员参训机会。在此基础上，与运动员年龄密切相关的两个选拔准则：运动员年龄真实性和运动员适宜年龄优先分别排在第三位和第四位，得分率也都超过了90%，这是因为年龄是选拔人才的重要标准之一，比如中国乒乓球协会规定，凡参加全国性少年比赛的运动员必须参加文化课考试，考试范围分为14~15岁、12~13岁和11岁以下三个组别，同时这也是运动员参加全国性少年比赛的年龄分组办法。所以，运动员年龄是广大教练员非常关注的问题，同时运动员年龄也是每次青少年比赛最容易产生争议的因素。为此，国家体育总局原副局长蔡振华提出"乒乓球项目将带头完善运动员年龄的真实性"，在全国性的青少年比赛上进行骨龄测试，而骨龄测试的科学性是教练员最关心的问题，为此，比赛主办方也是想尽办法，比如在2010年全国优秀青少年乒乓球调赛中，对1993年出生的运动员增加肩部的骨龄检测；在2012年全国少年乒乓球锦标赛中安排骨龄裁判。这一系列举措为全国优秀女子青少年乒乓球运动员集训队员年龄的真实性奠定了坚实的基础。

运动员的选拔准则对选拔工作的开展起着导向性作用，事关国家队、省市队，以及教练员和运动员的参训积极性，事关梯队建设的可持续发展。但是在实践中反映出，在全国优秀女子青少年乒乓球运动员集训队员的年龄选拔中"诚信"仍然是一个不可回避的问题，如何提高运动员年龄选拔的公信力是全国优秀女子青少年乒乓球运动员集训的重要工作之一。

3.1.2 集训期运动员的选拔方法

3.1.2.1 运动员的选拔方法

根据运动员的选拔准则，全国优秀女子青少年乒乓球运动员集训制定了运动员的选拔办法。由于冬训是全年规模最大、训练最系统的一次集训，既是对一年来训练和比赛的总结，也能为来年的训练和比赛奠定良好的基础，不论国家队还是省市队都非常重视每年的冬训工作。与此同时，运动员在冬训中的表现也会对当年春训和夏训的参训资格产生直接影响，尤其是2009年欧洲运动员参加我国优秀女子青少年乒乓球运动员夏训以来，夏训绝大多数参训运动员都是在冬训中表现优异的运动员。因此，冬训参训运动员的选拔办法具有非常强的代表性（表3-2）。

表3-2 2008年至2012年冬训运动员选拔办法

队员组成	2008年 人数	%	2009年 人数	%	2010年 人数	%	2011年 人数	%	2012年 人数	%
国家二队	12	16.7	10	14.3	20	27.8	14	23.3	23	30.3
苗子集训	2	2.8	2	2.9	3	4.2	3	5.1	4	5.3
比赛成绩	31	43.0	33	47.1	13	18.0	20	33.3	26	34.2
选调队员					36	50.0	23	38.3	23	30.3
自费队员	27	37.5	25	35.7	0	0.0	0	0.0	0	0.0
合计	72	100	70	100	72	100	60	100	76	100

从表3-2可以看出，全国优秀女子青少年乒乓球运动员集训人员的构成主要包括国家乒乓球女子二队队员、全国优秀苗子集训成绩突出的运动员、全国性青少年比赛成绩突出的运动员、选调运动员和自费运动员五类。同时，在全国优秀女子青少年乒乓球运动员冬训选拔办法的不断发展中，2010年前后相比，运动员选拔办法存在"两个改变"和"三个趋势"的特点。

"两个改变"分别是：①2010年以后，冬训取消了自费运动员，也就是所有参训运动员只需要交纳一定的餐费、住宿费和场租费，不存在交纳培训费的这部分运动员，并且在2013年冬训中运动员的住宿和场租费也由乒羽中心负担，这样就减轻了运动员参训的负担，有利于调动运动员的参训积极性。②从2010年开始，把2008年和2009年的选调队员明确区分为根据比赛成绩选调和国家队或省市队选调两类，并且明确公布比赛类型和选调名次，比如2010年根据比赛成绩选调的运动员包括全国少年锦标赛女子单打前16名和全国青少年调赛女子单打前16名，这样使得参训运动员的选拔办法更加公开和透明。

"三个趋势"分别是：①国家乒乓球女子二队规模逐步扩大的趋势。从2009年的10人逐步增加到了2012年的23人，国家女子二队的人数翻了一番，这种趋势一方面保证了中国乒乓球队后备人才的质量和数量，防止人才的外流，扩大了国家一队的选拔面；另一方面也适应了国际青少年赛事日趋频繁的现状。②全国乒乓球优秀苗子集训的地位越来越重要的趋势。在2009年全国乒乓球优秀苗子集训中，时任国家乒乓球女子二队教练员的陈彬在指导苗子集训中提出，国家队已经将苗子集训纳入国家队培养的第三梯队，从2010年开始，苗子集训运动员参加全国优秀女子青少年乒乓球运动员集训的人数就逐渐增加。③依据比赛成绩选调队员的比例不断增加，与此同时，国家队或省市队教练员选调运动员的比例出现下降的趋势。

可见，在以主观模式和客观模式[1]相结合的运动员选拔办法中，客观的比赛成绩占最主要的地位，同时教练员的主观评价又对客观模式进行一定的补充，突出地体现在对竞技水平相对比较落后的省份的运动员进行选调，促进这些省份对青少年乒乓球运动员的培养，有利于乒乓球运动在全国的均衡发展；对非主流打法，主要包括直拍打法、颗粒打法和削球打法的选调，在鼓励各省市对非主流打法培养的同时，通过全国优秀女子青少年乒乓球运动员集训这个平台，促进各种打法竞技水平的共同提高、共同进步；对在我国乒乓球运动发展中做出突出贡献的省市或者单位的具有发展潜力的运动员进行选调，有利于我国乒乓球运动的健康、可持续发展。

3.1.2.2 运动员的地域选拔

● 运动员的地域分布

在集训运动员的地域选拔中，从"全国一盘棋"的宏观角度看，各地区是

---

[1] 郭惠平. 奥运会国内选拔若干问题的专家调查及分析 [J]. 武汉体育学院学报, 2005, 39 (1): 73-76.

全国优秀女子青少年乒乓球运动员集训参训运动员输出的综合性单位，在一定程度上可以反映各地区优秀女子青少年乒乓球运动员培养的情况。各地区按照国家统计局《中国统计年鉴》全国行政区划[1]进行分类，没有运动员参加的地区就不列入相应表格，如香港特别行政区、澳门特别行政区和我国台湾省。

从表3-3可以看出，在2008年至2012年全国优秀女子青少年乒乓球运动员冬训的参训运动员中，与其他地区相比，华东地区的人数都是最多的（2009年华东地区和中南地区人数持平），且人数比例都保持在30%左右，其中2012年的比例达到最高，为36.8%。华北地区和中南地区参训人数比例总的平均值在20%以上，但是华北地区在每次集训中的参训人数比例都保持在20%以上，中南地区的比例相对不稳定，2012年的比例最低，仅有13.2%。东北地区与西南地区人数比例都保持在10%左右，东北地区参训人数比例略高。西北地区每次集训的参训人数都是最少的，2009年没有人参训，2012年最多，但也只有2人参训。

表3-3 2008年至2012年冬训运动员的地域分布

地域	2008年 人数	%	2009年 人数	%	2010年 人数	%	2011年 人数	%	2012年 人数	%	合计 总人数	%
华北	19	26.4	14	20.0	16	22.2	15	25.0	21	27.6	85	24.3
东北	9	12.5	10	14.3	10	13.9	6	10.0	8	10.5	43	12.3
华东	25	34.7	20	28.6	25	34.7	20	33.3	28	36.8	118	33.7
中南	13	18.1	20	28.6	16	22.2	12	20.0	10	13.2	71	20.3
西南	5	6.9	6	8.6	4	5.6	6	10.0	7	9.2	28	8.0
西北	1	1.4	0	0.0	1	1.4	1	1.7	2	2.6	5	1.4
合计	72	100	70	100	72	100	60	100	76	100	350	100

通过图3-1对2008年至2012年冬训全国各地区参训运动员人数百分比横向和纵向比较可见，华东地区和华北地区自2009年起呈逐渐上升的趋势，但华东地区明显高于华北地区；中南地区2009年起在高位呈逐渐下降的趋势，直到2012年滑落到较低位；东北地区和西南地区在较低位分别呈下降和上升的趋势，且两地区百分比越来越接近；西北地区在最低位呈逐渐上升的趋势，虽然2012

---

[1] 全国行政区划 [EB/OL]. http://www.stats.gov.cn/tjsj/ndsj/2012/indexch.htm.

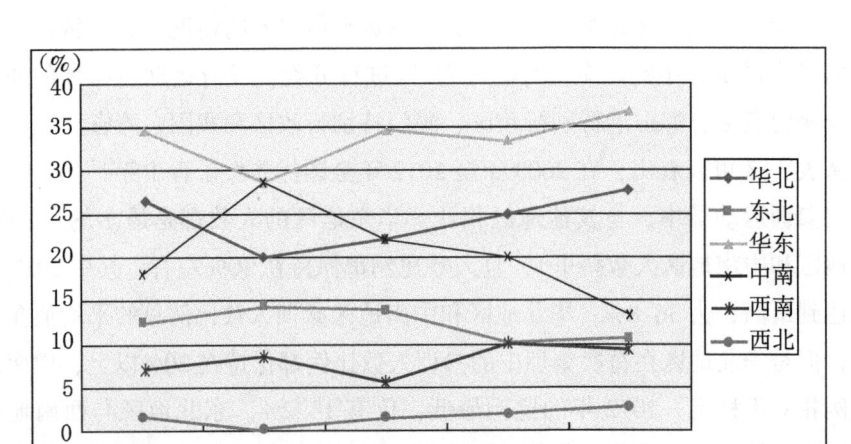

年达到最高,但依然处于最低位水平。

图 3-1　2008 年至 2012 年冬训全国各地区运动员占总人数百分比的变化趋势

结合表 3-3 和表 3-4,由于全国各地区生产总值只有 2008 年至 2011 年的数据,因此只对 2008 年至 2011 年全国各地区参加全国优秀女子青少年乒乓球运动员冬训的总人数与各地区生产总值的相关关系进行了分析,二者的相关系数 $r \approx 0.906$($p = 0.013 < 0.05$),反映出各地区参训人数和生产总值间线性关系显著,二者的这种关系可以反映出在优秀女子青少年乒乓球运动员培养中的两个特点:①运动员的数量在一定程度上受到地方经济发展水平的影响;②运动员培养的成本比较高,没有一定的经济作支撑,很难保证运动员的数量,没有数量就很难保证培养出高水平的人才,即使培养出高水平的人才也很难避免人才的流失。

表 3-4　2008 年至 2011 年全国各地区生产总值　　　　单位:亿元

地域	2008 年 生产总值　%	2009 年 生产总值　%	2010 年 生产总值　%	2011 年 生产总值　%	合计 生产总值　%
华北	49657.58　14.9	54008.92　14.8	64605.16　14.8	77672.40　14.9	245944.06　14.8
东北	28409.05　8.5	31078.24　8.5	37493.45　8.6	45377.53　8.7	142358.27　8.6
华东	124093.53　37.2	136345.28　37.3	162031.40　37.1	190550.31　36.5	613020.52　37.0
中南	86223.19　25.9	94397.18　25.8	112745.34　25.8	133686.66　25.6	427052.37　25.8
西南	28043.42　8.4	31205.08　8.5	37444.86　8.6	46238.84　8.9	142932.20　8.6
西北	16887.15　5.1	18268.99　5.0	22721.78　5.2	27915.37　5.4	85793.29　5.2

续表

地域	2008年 生产总值	%	2009年 生产总值	%	2010年 生产总值	%	2011年 生产总值	%	合计 生产总值	%
合计	333313.92	100	365303.69	100	437041.99	100	521441.11	100	1657100.71	100

注：数据来源于国家统计局《中国统计年鉴》地区生产总值和指数[1]。

除经济因素以外，后备人才的培养与各地方乒乓文化的氛围和对后备人才培养的重视程度也有直接的关系。表3-5所列的赛事是我国乒乓球后备人才力量培养的七项重要比赛，也是全国优秀女子青少年乒乓球运动员集训参训人员的最主要来源。2010年至2012年，在这七项比赛的21个举办地中，华东地区的举办城市最多，有11个，占52.4%；其次是中南地区，有5个，占23.8%；再次是东北地区，有4个，占19.0%；最后是华北地区，只有1个，占4.8%。根据表3-4进行对比可以看出，在这三年中都没有举办过这七项赛事的西南和西北两个地区后备人才非常少，而举办这七项赛事越多的地区，其后备人才人数也相对较多。这一点反映出，通过举办高水平的乒乓球赛事，能够起到"以点带面"的作用，对发展和拓宽后备人才的培养具有良好的引领作用。同时，积极举办乒乓球赛事，也能反映出当地政府对乒乓球事业的重视，以及乒乓球在地方深厚的群众基础。

表3-5 2010年至2012年我国乒乓球后备人才培养主要比赛的举办地与所属地域

比赛性质	2012年 举办地	地域	2011年 举办地	地域	2010年 举办地	地域
全国乒乓球锦标赛	江苏省张家港市	华东	江苏省张家港市	华东	江苏省张家港市	华东
全国少儿乒乓球杯赛总决赛	江西省新余市	华东	山东省滨州市	华东	北京市昌平区	华北
全国少年乒乓球比赛（北方赛区）	吉林省延边市	东北	吉林省延边市	东北	辽宁省抚顺市	东北

---

[1] 地区生产总值和指数 [EB/OL]. http://www.stats.gov.cn/tjsj/ndsj/2012/indexch.htm.

续表

比赛性质	2012 年 举办地	地域	2011 年 举办地	地域	2010 年 举办地	地域
全国少年乒乓球比赛（南方赛区）	海南省屯昌县	中南	海南省屯昌县	中南	安徽省合肥市	华东
全国重点单位（学校）乒乓球比赛	上海曹燕华乒乓球学校	华东	广东省汕头市	中南	广东省汕头市	中南
全国青年乒乓球锦标赛	江苏省句容市	华东	山东省临沂市	华东	江苏省太仓市	华东
全国少年乒乓球锦标赛	湖北省宜昌市	中南	辽宁省抚顺市	东北	浙江省淳安县	华东

从表 3-6 可以看出，在把 2008 年至 2012 年冬训运动员按照名次分为五个等级进行比较后，发现在第 1 名的等级中，华东地区和华北地区最高，都为 40%，其次是东北地区，为 20%。除第 1 名这个等级以外，在其他等级中各个地区运动员总数的比例都保持得非常稳定，其中，华东地区和华北地区都保持在 30% 左右；中南地区和东北地区的比例保持在 15% 左右；西南地区的比例保持在 7% 左右；西北地区的比例保持在 1% 左右。

表 3-6 2008 年至 2012 年冬训各地区运动员前 36 名的分布

名次	华北 人数	%	东北 人数	%	华东 人数	%	中南 人数	%	西南 人数	%	西北 人数	%
前 36 名	48	26.7	24	13.3	55	30.6	37	20.6	15	8.3	1	0.6
前 18 名	27	30.0	11	12.2	26	28.9	19	21.1	6	6.7	1	1.1
前 9 名	13	28.9	7	15.6	14	31.1	7	15.6	3	6.7	1	2.2
前 3 名	5	33.3	2	13.3	5	33.3	2	13.3	1	6.7	0	0
第 1 名	2	40.0	1	20.0	2	40.0	0	0	0	0	0	0

结合表 3-3 和表 3-6 可以看出，华东地区和华北地区的运动员不仅人数多，而且技战术水平也较高，随着名次的不断靠前，两个地区总人数的比例也不断地增加，而且比例也一直非常接近，直到第 1 名的等级两地区总人数比例持平，共

占总人数的80%，反映出两地区的竞争非常激烈，与其他地区相比占有较大的优势。东北地区运动员的数量虽然有逐渐下降的趋势，但是在2008年至2012年前36名的五个等级中人数却呈现出逐渐上升的趋势，体现出运动员培养的成材率较高。与东北地区相比，中南地区运动员的数量在逐渐下降的同时，在2008年至2012年前36名的五个等级中人数也呈现出逐渐下降的趋势，体现出中南地区运动员在规模和成材率两方面都不容乐观。西南地区和西北地区相比，虽然两个地区在每次冬训中参加的人数都不多，但是西南地区的技战术水平明显高于西北地区，并且在2010年有一名运动员闯入了前3名，体现出西南地区具有很强的发展潜力，而西北地区只有2008年一名运动员进入前9名，体现出西北地区高水平运动员只是昙花一现，且存在人才流失的现象，比如新疆的时辰希在2008年冬训中获得了第9名，之后时辰希注册为山东运动员。

可见，在全国优秀女子青少年乒乓球运动员集训参训人员的地域分布中，呈现出不均衡的状态，从我国地图的板块上来看，呈现出从东到西数量方面逐渐减少、竞技水平方面逐渐降低的特点，与各地区经济发展水平呈显著相关。

● 全国各地区的运动员分布

从中国乒协运动员注册的方法来看，各省、市、自治区是运动员注册单位的最主要分类方法，因此各省、市、自治区是全国优秀女子青少年乒乓球运动员集训参训人员的主要输出单位，离开了各省、市、自治区对乒乓球运动员的培养，"全国一盘棋"的后备人才梯队建设就成了无本之木、无源之水。

（1）华北地区各省、市、自治区运动员的分布

从表3-7可以看出，在2008年至2012年全国优秀女子青少年乒乓球运动员冬训华北地区的运动员中，北京运动员人数最多，每次参训人数都超过了华北地区总人数的50%，比例最高的是2010年，达到了75%。同时，北京参训运动员主要由北京队和八一队两个单位的运动员组成，从表3-8可以看出，在五年53名参训运动员中，有35名运动员来自八一队，占总人数的66%，其主要原因是八一队运动员的选拔主要来自全国各地，特别是其他各省市具有良好发展潜力或者已经取得优异成绩的运动员进入八一队，使八一队在后备人才培养中处在较高的起点。

另外，在华北地区各省市参训运动员的单位组成中，河北省的单位最多，包括河北队、河北保定、河北六通、河北正定基地等，而天津、山西、内蒙古运动

员的单位比较单一，反映出河北省后备人才培养的基层单位较多，后备人才的来源比较丰富。

表 3-7 2008 年至 2012 年冬训华北地区各省市人数

省市	2008 年 人数	%	2009 年 人数	%	2010 年 人数	%	2011 年 人数	%	2012 年 人数	%	合计 总人数	%
北京	12	63.2	8	57.1	12	75.0	9	60.0	12	57.1	53	62.4
天津	1	5.3	0	0.0	0	0.0	1	6.7	2	9.5	4	4.7
河北	3	15.8	4	28.6	2	12.5	3	20.0	6	28.6	18	21.2
山西	3	15.8	2	14.3	2	12.5	1	6.7	1	4.8	9	10.6
内蒙古	0	0.0	0	0.0	0	0.0	1	6.7	0	0.0	1	1.2
合计	19	100	14	100	16	100	15	100	21	100	85	100

表 3-8 2008 年至 2012 年冬训北京市各参训单位人数

单位	2008 年	2009 年	2010 年	2011 年	2012 年	合计 总人数	%
八一队	9	4	6	6	10	35	66.0
北京队	3	4	6	3	2	18	34.0

从表 3-9 可以看出，北京运动员在五个名次等级中占总人数的比例都保持在 70%以上，尤其是获得两个第一名的运动员都来自北京，分别是杨扬（2008 年）和木子（2012 年），且这两名运动员都来自八一队。北京队最好名次是彭雪在 2008 年冬训中获得的第 4 名。结合表 3-7 可以看出，在华北地区，北京培养的运动员不仅人数最多，而且成绩也最好，尤其是八一队的运动员占有较明显的优势。除北京以外，参训人数比较多的河北省，在前 36 名运动员中所占的比例接近 20%，但是随着名次的靠前，所占的比例逐渐下降，到前 9 名已没有运动员，反映出河北省虽然参训运动员基数较大，但是高水平拔尖运动员相对欠缺。其中，河北取得的最好成绩是刘曦在 2009 年冬训中获得的第 18 名，但是 2010 年刘曦就成为八一队注册运动员并成为国家女子二队运动员，同时刘曦在 2010 年冬训中获得第 7 名。一方面反映出优秀运动员流向八一队，另一方面也体现出八一队对后备人才的培养具有独到之处。与河北省相比，山西省的参训运动员虽然

不多，但是武扬进入了 2008 年的前 3 名（第 2 名）。可是自 2008 年以后，山西就再也没有运动员进入过前 18 名，最好成绩为 2012 年刘颖的第 25 名，反映出山西在优秀女子青少年运动员培养的可持续方面并不乐观。从天津和内蒙古参训的结果来看，这两个地方不仅人数少，而且运动员水平也不高，只有天津一名运动员在 2008 年的冬训中进入前 36 名（曹坤，第 31 名），之后这两个地方的运动员就再没有进入过前 36 名。

表 3-9 2008 年至 2012 年冬训华北地区各省市运动员前 36 名的分布

名次	北京 人数	北京 %	天津 人数	天津 %	河北 人数	河北 %	山西 人数	山西 %	内蒙古 人数	内蒙古 %
前 36 名	34	70.8	1	2.1	9	18.8	4	8.3	0	0
前 18 名	23	85.2	0	0	2	7.4	2	7.4	0	0
前 9 名	11	84.6	0	0	0	0	2	15.4	0	0
前 3 名	4	80.0	0	0	0	0	1	20.0	0	0
第 1 名	2	100	0	0	0	0	0	0	0	0

（2）东北地区各省、市、自治区运动员的分布

从表 3-10 可以看出，在东北三省中，黑龙江和辽宁两省的总人数超过了 90%，从数量上来看两省也非常接近，之所以黑龙江比辽宁人数略多，除运动员技战术水平以外，教练员也是影响因素之一。比如黑龙江的教练员吕宏连续五年参加了从 2008 年至 2012 年的冬训，按照惯例参训的教练员可以带一名运动员，而辽宁的教练员并不是每年都参加集训，因此黑龙江参训运动员在数量上比辽宁更具有优势。对于吉林省而言，在 2008 年至 2012 年五年的冬训中只有 2 人次的运动员参加了 2008 年和 2009 年的冬训，而 2010 年至 2012 年吉林省没有运动员参训，可见吉林后备人才培养的发展潜力严重不足。

表 3-10 2008 年至 2012 年冬训东北地区各省人数

省市	2008 年 人数	2008 年 %	2009 年 人数	2009 年 %	2010 年 人数	2010 年 %	2011 年 人数	2011 年 %	2012 年 人数	2012 年 %	合计 总人数	合计 %
辽宁	4	44.4	4	40.0	5	50.0	2	33.3	3	37.5	18	41.9

续表

省市	2008年 人数	%	2009年 人数	%	2010年 人数	%	2011年 人数	%	2012年 人数	%	合计 总人数	%
吉林	1	11.1	1	10.0	0	0.0	0	0.0	0	0.0	2	4.7
黑龙江	4	44.4	5	50.0	5	50.0	4	66.7	5	62.5	23	53.5
合计	9	100	10	100	10	100	6	100	8	100	43	100

从表3-11可以看出，在东北三省中，黑龙江的运动员不仅人数多，而且拔尖人才也较多，在五个名次等级中，黑龙江所占比例都超过了50%，其中黑龙江的最好成绩是2011年冬训中车晓曦获得的第1名。但是在从前36名至前3名的四个名次等级中，辽宁运动员所占比例逐渐增加，到前3名与黑龙江的比例持平，都为50%，其中辽宁的最好成绩是2011年冬训中李佳燚获得的第2名。对于吉林省而言，在2008年至2012年五年的冬训中只有陈忱一名运动参加了2008年和2009年两次冬训，名次分别为63名和59名，可见吉林省后备人才不仅数量非常少，而且技战术水平也不理想，直接导致2010年至2012年吉林省没有运动员参训。

表3-11 2008年至2012年冬训东北地区各省市运动员前36名的分布

名次	辽宁 人数	%	吉林 人数	%	黑龙江 人数	%
前36名	8	33.3	0	0	16	66.7
前18名	4	36.4	0	0	7	63.6
前9名	3	42.9	0	0	4	57.1
前3名	1	50	0	0	1	50
第1名	0	0	0	0	1	100

（3）华东地区各省、市、自治区运动员的分布

从表3-12可以看出，在华东地区各省市中，上海、江苏和山东三地的总人数比例都超过了20%，同时这三个省市也是我国乒乓球的强省市，具有良好的乒乓球发展环境。比如2000年，山东电力集团公司接管原山东省乒乓球队，组建了全国第一家按照现代企业制度运作的乒乓球俱乐部——山东鲁能乒乓球俱乐部

股份有限公司，随着鲁能乒乓球队青岛训练基地和潍坊鲁能乒乓球学校的建成，鲁能乒乓球俱乐部已经基本形成本部、基地、学校三位一体的良好发展格局。2010年，在江苏省南通市通州区建成了中国乒协乒乓球运动学校，这是国家体育总局乒羽中心直属的全国第一所公办乒乓球运动学校。同年9月，国家体育总局与上海市人民政府举行了共建上海体育学院中国乒乓球学院的签约暨揭牌仪式。这样，在山东省、江苏省和上海市构建了我国乒乓球后备人才培养的三个重要基地，为探索"体教结合"的新体制与新机制，培养高层次乒乓人才，传播"国球"文化[1]做出贡献。通过面向全国各地的招生和招聘，促使许多优秀青少年乒乓球运动员和优秀的师资力量流向这三个省市，为这三个省市后备人才培养的进一步发展奠定了坚实的基础。与这三个省市相比，浙江、安徽、福建和江西四个省运动员的规模就相对较小，在华东地区所占比例都小于10%，其中安徽所占比例最小，只有1.7%。

表3-12 2008年至2012年冬训华东地区各省市人数

省市	2008年 人数	%	2009年 人数	%	2010年 人数	%	2011年 人数	%	2012年 人数	%	合计 总人数	%
上海	8	32.0	4	20.0	4	16.0	4	20.0	6	21.4	26	22.0
江苏	4	16.0	5	25.0	6	24.0	7	35.0	9	32.1	31	26.3
浙江	2	8.0	3	15.0	2	8.0	2	10.0	2	7.1	11	9.3
安徽	1	4.0	0	0.0	0	0.0	0	0.0	1	3.6	2	1.7
福建	2	8.0	2	10.0	2	8.0	2	10.0	3	10.7	11	9.3
江西	1	4.0	2	10.0	2	8.0	1	5.0	2	7.1	8	6.8
山东	7	28.0	4	20.0	9	36.0	4	20.0	5	17.9	29	24.6
合计	25	100	20	100	25	100	20	100	28	100	118	100

从表3-13可以看出，在华东地区的一市六省中，上海、江苏和山东的运动员不仅人数多，而且竞技水平也比较高，江苏和山东两地的成绩表现得尤为突出，江苏的赵岩和山东的陈梦分别获得了2010年和2009年冬训的冠军，同时江苏的运动员在2010年至2012年连续3年都有一名运动员进入前3名，并且这3

[1] 上海体育学院中国乒乓球学院签约暨揭牌仪式在市政府举行 [EB/OL]. [2011-09-17]. http://www.sus.edu.cn/web/cttc/xinwen.

名运动员的打法各异，分别是赵岩（2010年，第1名，横拍两面反胶打法）、张蔷（2011年，第3名，直拍两面反胶打法）、刘斐（2012年，第2名，削球打法），由此可见，江苏的拔尖运动员不仅人数多，而且水平接近，最值得一提的是，江苏对各种打法运动员，尤其是对非主流打法运动员的培养，能取得如此优异的成绩实属难能可贵。比如在其他省市的前9名运动员中，上海的薛丝雨（2009年，第5名）、江越（2011年，第8名）；山东的陈梦（2008年，第6名；2009年，第1名；2010年，第2名）、顾玉婷（2010年，第4名）、顾若辰（2012年，第6名）、刘高阳（2012年，第7名），这些运动员全部都是横拍两面反胶打法，反映出上海和山东培养的拔尖人才打法单一。除上海、江苏和山东以外，华东地区其他省培养的运动员相对较少，比如在5年的冬训中只有2名运动员进入前18名，分别是浙江的董婕（2009年，第16名）和福建的刘鑫（2012年，第13名），反映出华东地区各省市运动员的分布不均衡。

表3-13 2008年至2012年冬训华东地区各省市运动员前36名的分布

名次	上海 人数	%	江苏 人数	%	浙江 人数	%	安徽 人数	%	福建 人数	%	江西 人数	%	山东 人数	%
前36名	12	21.8	14	25.5	5	9.1	1	1.8	2	3.6	3	5.5	18	32.7
前18名	5	19.2	9	34.6	1	3.8	0	0	1	3.8	0	0	10	38.5
前9名	2	14.3	6	42.9	0	0	0	0	0	0	0	0	6	42.9
前3名	0	0	3	60	0	0	0	0	0	0	0	0	2	40
第1名	0	0	1	50	0	0	0	0	0	0	0	0	1	50

（4）中南地区各省、市、自治区运动员的分布

从表3-14可以看出，在中南地区的参训运动员中，湖北的人数最多，接近整个中南地区总人数的1/3，除与湖北运动员的竞技水平有关外，还与集训的举办地有关。比如在2008年至2012年的5次冬训中，湖北黄石国乒基地承办过2008年、2009年和2011年三次集训，这就必然有利于增加从湖北选调的运动员。但是纵向比较湖北的参训人数，从2008年至2012年呈逐渐减少的趋势，直到2012年的冬训只有两名运动员，其中一名运动员（曾卓）就是以黄石为单位选调的，这也反映出在选调运动员时对乒乓球基地的政策倾斜。与湖北类似，从2009年开始，河南和广东的参训人数也都呈逐渐减少的趋势，而广西的人数虽

少但基本保持每年2人左右。湖南和海南的人数最少，5年的冬训都只有1人参加，分别是俞帆（湖南，2009年，第51名）和陈颖青（海南，2012年，第53名），反映出湖南和海南两地的运动员比较匮乏。

表3-14 2008年至2012年冬训中南地区各省人数

省市	2008年 人数	%	2009年 人数	%	2010年 人数	%	2011年 人数	%	2012年 人数	%	合计 总人数	%
河南	3	23.1	5	25.0	5	31.3	4	33.3	3	30.0	20	28.2
湖北	6	46.2	6	30.0	5	31.3	4	33.3	2	20.0	23	32.4
湖南	0	0.0	1	5.0	0	0.0	0	0.0	0	0.0	1	1.4
广东	2	15.4	5	25.0	4	25.0	3	25.0	2	20.0	16	22.5
广西	2	15.4	3	15.0	2	12.5	1	8.3	2	20.0	10	14.1
海南	0	0.0	0	0.0	0	0.0	0	0.0	1	10.0	1	1.4
合计	13	100	20	100	16	100	12	100	10	100	71	100

从表3-15可以看出，在中南6省中，湖北省运动员的成绩比较突出，虽然没有运动员获得过第1名，但是在2009年的冬训中有两名运动员进入前3名，分别是易芳贤（第2名）和罗玥（第3名）。另外，从湖北前9名的4人次来看，其中罗玥1人次，其他3人次都是易芳贤，反映出湖北省在运动员的培养中虽然有拔尖人才但是后劲不足。与湖北省相比，河南、广西和广东的运动员相对较少，而且成绩也不拔尖。比较河南、广西和广东三省，河南运动员呈现出基数较多但竞技水平较低的特点，广西运动员呈现出基数较少但竞技水平较高的特点，广东运动员则呈现出不仅基数少而且竞技水平不突出的特点。比如在前36名中河南的总人次多于广西，可是在前9名中广西的总人次多于河南，不过在前9名中广西和河南都只有1名运动员，分别是殷洁（2009年，第4名；2010年，第6名）和姚俊羽（2011年，第9名），而广东则没有运动员进入前18名。

表3-15 2008年至2012年冬训中南地区各省运动员前36名的分布

名次	河南 人数	%	湖北 人数	%	湖南 人数	%	广东 人数	%	广西 人数	%	海南 人数	%
前36名	17	45.9	8	21.6	0	0	5	13.5	7	18.9	0	0

续表

名次	河南		湖北		湖南		广东		广西		海南	
	人数	%	人数	%	人数	%	人数	%	人数	%	人数	%
前18名	10	52.6	5	26.3	0	0	0	0	4	21.1	0	0
前9名	1	14.3	4	57.1	0	0	0	0	2	28.6	0	0
前3名	0	0	2	100	0	0	0	0	0	0	0	0
第1名	0	0	0	0	0	0	0	0	0	0	0	0

(5) 西南地区各省、市、自治区运动员的分布

从表3-16可以看出，在西南地区中四川和云南的参训运动员比较多，两个省的运动员超过西南地区总人数的90%，其中四川超过总人数的一半。在5年中贵州只有戴佳（2008年，第43名；2009年，第21名）一名运动员两次参加冬训，反映出贵州高水平后备人才比较匮乏。并且在5年的冬训中，重庆和西藏都没有运动员参训。

表3-16 2008年至2012年冬训西南地区各省（市、自治区）人数

省市	2008年		2009年		2010年		2011年		2012年		合计	
	人数	%	人数	%	人数	%	人数	%	人数	%	总人数	%
重庆	0	0.0	0	0.0	0	0.0	0	0.0	0	0.0	0	0.0
四川	3	60.0	3	50.0	3	75.0	2	33.3	4	57.1	15	53.6
贵州	1	20.0	1	16.7	0	0.0	0	0.0	0	0.0	2	7.1
云南	1	20.0	2	33.3	1	25.0	4	66.7	3	42.9	11	39.3
西藏	0	0.0	0	0.0	0	0.0	0	0.0	0	0.0	0	0.0
合计	5	100	6	100	4	100	6	100	7	100	28	100

从表3-17可以看出，比较参训人数最多的四川和云南两省，四川运动员集训的成绩相对比较好，而且人数也较多，其中成绩最好的是朱雨玲（2010年，第3名）。云南进入前36名的6人次分别是高洁、顾若辰、刘高阳、兰曦和郭丝雨，其中兰曦于2011年和2012年代表云南两次进入前36名，这些运动员都来自云南电网队，且水平较高的运动员原注册单位都不是云南，比如顾若辰和刘高阳原是山东、兰曦原是辽宁，可见俱乐部运动员对云南参训人数的影响比较大，

而云南本省培养的运动员相对比较少。

表 3-17　2008 年至 2012 年冬训西南地区各省（市、自治区）运动员前 36 名的分布

名次	重庆 人数	%	四川 人数	%	贵州 人数	%	云南 人数	%	西藏 人数	%
前 36 名	0	0	8	53.3	1	6.7	6	40	0	0
前 18 名	0	0	4	66.7	0	0	2	33.3	0	0
前 9 名	0	0	2	66.7	0	0	1	33.3	0	0
前 3 名	0	0	1	100	0	0	0	0	0	0
第 1 名	0	0	0	0	0	0	0	0	0	0

从 3-18 可以看出，在西北整个地区参训人数非常少，其中新疆参训的人数最多，共计 4 人次，分别是时辰希（2008 年）、法合丽叶·吐鲁洪（2010 年和 2011 年）、郭海超（2012 年）。陕西的赵旭参加了 2012 年的冬训。西北地区所有的参训运动员都是被选调参训的，虽然集训的成绩普遍不理想，但是每年在选调运动员时都会给予西北运动员一定的政策倾斜，希望通过参训开阔眼界、提高水平，起到"以点带面"的作用，促进西北地区乒乓球运动的普及和发展。

表 3-18　2008 年至 2012 年冬训西北地区各省（自治区）人数

省市	2008 年 人数	%	2009 年 人数	%	2010 年 人数	%	2011 年 人数	%	2012 年 人数	%	合计 总人数	%
陕西	0	0.0	0	0.0	0	0.0	0	0.0	1	50.0	1	20.0
甘肃	0	0.0	0	0.0	0	0.0	0	0.0	0	0.0	0	0.0
青海	0	0.0	0	0.0	0	0.0	0	0.0	0	0.0	0	0.0
宁夏	0	0.0	0	0.0	0	0.0	0	0.0	0	0.0	0	0.0
新疆	1	100.0	0	0.0	1	100.0	1	100.0	1	50.0	4	80.0
合计	1	100	0	0	1	100	1	100	2	100	5	100

从表 3-19 可以看出，在 5 年的冬训中，只有一名运动员（时辰希）取得了比较好的成绩，获得了 2008 年冬训的第 9 名，之后她改注册为山东运动员，反映出西北地区不仅培养的运动员较少，而且存在人才流失的现象。

表 3-19　2008 年至 2012 年冬训西北地区各省（自治区）运动员前 36 名的分布

名次	陕西 人数	%	甘肃 人数	%	青海 人数	%	宁夏 人数	%	新疆 人数	%
前 36 名	0	0	0	0	0	0	0	0	1	100
前 18 名	0	0	0	0	0	0	0	0	1	100
前 9 名	0	0	0	0	0	0	0	0	1	100
前 3 名	0	0	0	0	0	0	0	0	0	0

在全国优秀女子青少年乒乓球运动员集训人员的地域选拔中，关键是处理好两个关系，一是国家队与省市队的关系，二是优秀人才选拔和乒乓球运动普及的关系。首先，国家队与省市队是唇齿相依的关系，国家队是省市队培养人才的发展动力，省市队是国家队选拔人才的重要途径，因此，保持国家队与省市队之间交流的畅通是保证我国乒乓球"人才生产线"可持续发展的关键环节。同时，处理好优秀人才选拔和乒乓球运动普及的关系，就必须在全国各省市的后备人才培养中统筹布局，合理配置后备人才资源，优化后备人才分布结构，既突出国家队的重点，又促进乒乓球运动在全国各省市的均衡发展，调动国家队与各省市的积极性，在扩大人才选拔面的同时，拓宽优秀后备人才的发展空间。只有处理好这两个关系，才能把"全国一盘棋"的后备人才梯队建设好，构建适应社会发展、充满活力的竞技体育后备人才培养体系[1]。

3.1.2.3　运动员的年龄选拔

年龄，是我国优秀女子青少年乒乓球运动员集训选拔的重要标准之一，比如国家乒乓球女子二队规定不满 14 岁不能进队，青年奥林匹克运动会参赛的年龄规定在 14 至 18 岁的青年人，这两个有关年龄的规定对我国优秀女子青少年乒乓球运动员集训的年龄选拔具有重要的导向性作用。

从表 3-20 可以看出，在我国乒乓球后备人才培养的主要比赛中对运动员的年龄都有严格的规定。从这些比赛名次的奖励可以看出，各个比赛的成绩直接关系到运动员参加更高层次比赛的资格，以及参加全国乒乓球优秀苗子集训和全国

---

[1] 青少年体育"十二五"规划 [EB/OL]. [2011-04-19]. http://www.sport.gov.cn/n321/n378/c566721/content.html.

乒乓球优秀青少年集训的资格，甚至全国少年乒乓球锦标赛单打的第一名和全国青年乒乓球锦标赛单打前两名可以直接进入国家二队。在每一次比赛中组委会都要安排检查第二代身份证并做严格的骨龄检测，规定骨龄不合格者不能参加相关比赛，反映出我国特别关注年龄真实性的问题。

表 3-20 我国乒乓球后备人才培养主要比赛的年龄要求和比赛名次奖励

比赛性质	年龄要求	比赛名次奖励
全国少儿乒乓球杯赛总决赛	10 岁组 11 岁组	①获得 11 岁组男、女单打前 8 名的选手可报名参加当年全国少年乒乓球比赛南方赛区或北方赛区的比赛，不占原单位名额。②获得 11 岁组男、女单打前 4 名的选手可参加当年度举行的全国优秀苗子集训选拔赛
全国重点单位（学校）乒乓球比赛	10 岁至 12 岁	①获得男、女单打前 8 名的运动员可不占原单位名额参加当年全国少年乒乓球（南、北赛区）的比赛。②获得男、女单打前 8 名的队将有资格参加当年全国优秀苗子选手的集训
全国少年乒乓球比赛（南、北方赛区）	11 岁至 13 岁	①获得男、女单打前 8 名的运动员将直接获得参加当年全国少年乒乓球锦标赛的参赛资格。②获得男、女单打前 8 名的适龄运动员将获得参加当年全国乒乓球苗子集训的资格
全国少年乒乓球锦标赛	11 岁至 15 岁	获得单打比赛前 8 名的运动员可不占原单位名额参加当年全国青年乒乓球锦标赛。②获得男、女单打第 1 名的选手可直接入选国家二队。③获得前 8 名的选手将有资格参加本年度全国优秀青少年集训
全国青年乒乓球锦标赛	11 岁至 18 岁	①获得男、女单打前 2 名的选手将直接入选国家二队。②获得男、女单打比赛 3~12 名的运动员将有资格参加本年度全国优秀青少年集训

因此，年龄结构是全国优秀女子青少年乒乓球运动员集训梯队建设的重要内容，是教练员选拔运动员的重要依据之一。尤其在全国优秀女子青少年乒乓球运动员冬训中，由于参训人数多、选拔面广，所以能够明显地反映出我国优秀女子青少年乒乓球运动员集训参训人员的年龄结构特点。

结合表 3-21 和图 3-2 可以看出，在 2008 年至 2012 年 5 年的全国优秀女子青少年乒乓球运动员冬训中，参训运动员最小的年龄是 11 岁，最大的是 22 岁。在每次集训中，大部分运动员的年龄都集中在 14 岁至 17 岁，这一年龄段是国家乒乓球女子二队重点培养的后备人才群体。在这个年龄段中，15岁和16岁的运动员所占比例较多，分别是20%和19.1%，其次是14岁和17岁的运动员，分别是15.4%和14%，可见这个年龄段的运动员占参训总人数的约70%。从5年各年龄段总人数的分布来看呈偏态分布，长尾向年龄较大的一侧延伸，可见在集训的运动员中年龄大的运动员比年龄小的多一些，体现出国家乒乓球女子二队在后备人才的培养中比较重视老队员传帮带的作用。从18岁以上参训运动员数量可以看出，从2008年至2009年有所增加，并在2010年骤减，随后从2011年至2012年又逐渐增加，主要原因是在备战奥运期间需要老运动员做主力运动员的陪练，随着备战奥运的结束，通过一队与二队升降制[1]交流比赛，有个别老队员会降级到二队，使得年龄较大运动员增加，同时随着老队员年龄的增大和竞技水平的下降，有部分队员退出国家队，促使运动员年龄结构的突变。

表3-21 2008年至2012年冬训运动员各年龄人数

单位：人

年份	22岁	21岁	20岁	19岁	18岁	17岁	16岁	15岁	14岁	13岁	12岁	11岁	合计
2008年	0	2	0	4	6	12	10	11	16	8	3	0	72
2009年	1	3	2	8	9	13	14	11	7	2	0	0	70
2010年	0	0	0	0	3	6	15	23	15	10	0	0	72
2011年	0	0	0	2	5	11	14	11	7	3	5	2	60
2012年	2	1	4	3	10	7	14	14	9	6	5	1	76
合计	3	6	6	17	33	49	67	70	54	29	13	3	350
百分/%	0.9	1.7	1.7	4.9	9.4	14	19.1	20	15.4	8.3	3.7	0.9	100

---

[1] 李永安，张瑛秋. 乒乓球集中突破定量诊断方法的研究[J]. 体育科技，2011，32（4）：28-31.

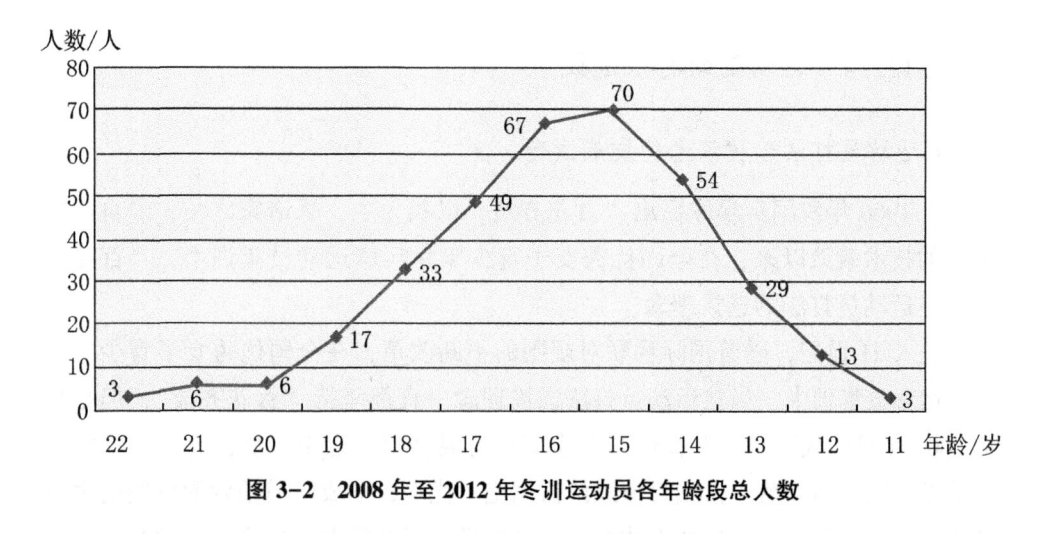

图 3-2 2008 年至 2012 年冬训运动员各年龄段总人数

与此同时，乒乓球后备人才作为我国竞技体育后备人才资源[1]的重要组成部分，科学部署乒乓球后备人才的年龄结构，避免短期行为，保持后备人才资源的可持续发展，具有重要的战略意义。比如在北京奥运周期中，虽然一队已有郭跃、李晓霞、丁宁、刘诗雯等年轻优秀运动员，但是国家女子二队依然对 1990 年左右出生的运动员给予了关注。通过进一步的筛选，不仅从数量上扩大其群体，而且从竞技能力上保证其质量，一方面吸引其留在了国内，避免了人才的外流；另一方面也给一队同年龄段运动员以压力，形成良性的竞争环境。在 2008 年的超级联赛中，除了一队的姚彦、木子、冯亚兰有不错的表现以外，另有二队的 7 名运动员参加了比赛，其中，杨扬战胜了张怡宁和李佳薇；李晓丹在单打比赛中胜多负少；文佳和木子在八一队的双打比赛中 7 胜 2 负，排在超联比赛双打胜率第一名。另外，文佳在 2008 年的全国锦标赛中获得了女单冠军。国家女子二队的这些举措也引导了各省市对 1990 年左右出生运动员的积极争取，现阶段这一批运动员也都成为各省市的中坚力量。

可见，通过年龄的选拔，一方面选拔了年龄适宜的运动员进行培养，另一方面也对运动员的年龄结构进行了科学部署，充分利用了我国优秀女子青少年乒乓球运动员的人力资源。

---

[1] 杨再淮，俞继英. 论竞技体育后备人才资源与可持续发展 [J]. 上海体育学院学报，2003，27（1）：1-4.

3.1.2.4 运动员的打法选拔

● 运动员打法选拔理念的发展演变

自 1960 年我国乒乓球提出"百花齐放,以我为主,采诸家之长,走自己的路"的技术政策以来,在全国优秀女子青少年乒乓球运动员集训中,"百花齐放"是运动员打法的选拔理念。

进入 21 世纪,随着国际乒联对规则的不断改革,在全国优秀女子青少年乒乓球运动员集训中,虽然运动员打法选拔理念一直都坚持"百花齐放",但是自从 2001 年日本大阪世乒赛杨影与秦志戬获得混合双打冠军以后,女子直拍打法在世界乒坛逐渐没落,横拍打法逐渐占据绝对优势,形成了横拍两面反胶的主流打法。我国乒乓球女子后备人才培养受到世界乒坛这股潮流的影响,尤其是世界冠军的榜样作用和教练员本位主义及其对各种打法的认识[1],使得在后备人才中直拍、生胶、削球等打法人才相对比较缺乏。与此同时,其他国家为了与我国对抗,培养非主流打法的力度明显加强,其水平也不容小视,给我国运动员制造了很大的困难,比如,在 2010 年首届青少年奥运会女子单打小组赛中,顾玉婷被新加坡李思韵打败,李思韵是削球打法;在 2010 年世界青少年锦标赛女子团体对日本的决赛中阿尤卡战胜易芳贤,阿尤卡是削球打法。包括朝鲜队和韩国队在横板两面不同性能打法和削球打法培养上具有良好的传统,技战术水平普遍较高,而且两国运动员的意志品质顽强,对我国运动员造成很大的压力。

面对这种形势,在我国后备人才培养中要在扩大非主流打法选拔面的同时不断提高非主流打法的对抗能力,以达到"国内练兵,一致对外"的目的。以此为指导,在 2010 年全国优秀女子青少年乒乓球运动员集训中,"百花齐放,百花争艳"的打法选拔理念应运而生,"百花齐放"的主要目的是扩大非主流打法的选拔面,比如,在全国优秀女子青少年乒乓球运动员集训和国家乒乓球女子二队的队员选拔过程中给予非主流打法以一定的优惠政策,与横拍两面反胶打法同等水平的情况下,优先考虑非主流打法参训或者入队;"百花争艳"的主要目的是提高各种打法的竞技水平,其中"争"的含义不仅是现阶段主流打法之间的竞争,更强调的是提高非主流打法的竞技水平。通过国家队这个平台,使得各种打

---

[1] 林丽珍,李永安,张瑛秋.中国女子乒乓球运动员后备力量可持续发展研究 [J].西安体育学院学报,2010,27 (3):288-292.

3 分析与讨论

法相互促进、共同进步，不断增强非主流打法与横拍两面反胶打法的竞争力。比如，在每次全国优秀女子青少年乒乓球运动员集训的分组训练中，都保证水平较高的组中非主流打法运动员占据一定数量，为非主流打法创造与高水平主流打法的交流平台。通过多年的发展，在2012年与国家一队的升降级比赛中，国家乒乓球女子二队的直拍两面反胶选手张蔷通过激烈的竞争，进入了国家一队；在2013年3月刚从国家乒乓球女子二队升入一队一个星期的削球手胡丽梅就在中国乒乓球女队"直通巴黎"中战胜世界排名第一的丁宁，成为第四位拿到单打资格的选手，体现出在"百花齐放，百花争艳"的打法选拔理念的指导下，直拍和削球打法的竞争力已初步显现，在此基础上，还要不断加强对非主流打法的培养力度。

可见，"百花齐放，百花争艳"是在继承的基础上根据世界乒乓球运动发展趋势提出的运动员打法选拔理念，这一选拔理念体现出我国优秀女子青少年乒乓球运动员打法选拔的辩证思想，"百花齐放"体现出对打法选拔的开放思想，鼓励各种打法的共同发展，为"百花争艳"中各种打法提供良好的竞争环境；"百花争艳"体现出随着世界女子乒乓球运动的发展，我国对各种打法的宏观调控，有选择地、有重点地对不同打法进行选拔，促进"百花齐放"的健康发展。实践证明，"百花齐放，百花争艳"的打法选拔理念符合世界女子乒乓球运动的发展规律，科学指导了我国优秀女子青少年乒乓球运动员的训练实践。

● 运动员打法类型的体系改革

乒乓球运动的复杂性表现在竞技要素和制胜因素在对抗中随机组合形成的各种变化，而打法类型能够将竞技要素和制胜因素最经济有效地组合到一个特定运动员的身上[1]。因此，打法类型在一定程度上决定了乒乓球运动员的发展潜力，只有运动员的自身条件与打法类型相适应才能促进运动员的发展。乒乓球打法类型体系构建的主要标志是技术特点或技术方法及工具性能[2]。在全国优秀女子青少年乒乓球运动员集训中，2008年以前，运动员的打法类型主要依据运动员的技术特点或技术方法进行分类，包括快攻、快弧、弧快和削球四类。随着世界女子乒乓球打法类型根据握拍方法与球拍性能分为主流打法和非主流打法两类以

---

[1] 张傲. 对我国女子乒乓球队后备力量打法类型分布的研究 [D]. 武汉：武汉体育学院，2009.
[2] 国家体育总局《乒乓长盛考》研究课题组. 乒乓长盛的训练学探索 [M]. 北京：北京体育大学出版社，2002.

后，在我国优秀女子青少年乒乓球运动员培养中对打法类型体系的分类也进行了改革（表3-22）。

表3-22 主流和非主流打法类型分类的指标体系

一级指标	二级指标	三级指标	名称举例
主流打法	横拍两面反胶		右手横拍两面反胶
非主流打法	横拍颗粒打法	执拍手（左手或右手）+握拍方法（直拍或横拍）+胶皮种类（正手、反手或单面）	左手横拍正手正胶反手反胶
	直拍两面反胶		右手直拍两面反胶
	直拍颗粒打法		左手直拍正手长胶反手正胶
	削球打法		右手削球正手反胶反手生胶

从表3-22对比三级指标和具体名称可以看出，由于在现有的削球打法中没有直拍削球打法，因此在削球打法的具体名称中省略了"横拍"。

对比改革前后打法类型的两种分类方法，对于教练员和运动员而言，改革前的打法类型比较抽象，而改革后的更加形象和具体。在实践应用中，由于改革前的分类方法已经深入人心，而改革后的分类方法又能够在一定程度上弥补原有分类方法的不足之处，因此中国乒乓球协会在注册运动员信息统计的文件中，就使用了改革前、后的两种打法类型的分类方法。除此以外，如表3-23所示，在我国乒乓球后备人才培养的主要比赛中，对男、女运动员的打法都作出了明确规定，其中对女运动员的规定是："每场女子团体比赛的出场运动员中，必须有一名运动员为直拍快攻型"，这里所指的"直拍快攻型"打法是原有的分类方法，但是实际操作中，直拍颗粒打法，包括正胶、生胶、长胶等都属于"直拍快攻型"打法，就对直拍的胶皮类型作了相应的规定。

表3-23 我国乒乓球后备人才培养主要比赛的打法规定

比赛性质	比赛打法规定
全国少儿乒乓球杯赛总决赛 全国重点单位（学校）乒乓球比赛 全国少年乒乓球比赛（南、北方赛区） 全国少年乒乓球锦标赛 全国青年乒乓球锦标赛	每场女子团体比赛的出场运动员中，必须有一名运动员为直拍快攻型；每场男子团体比赛的出场运动员中，必须有一名运动员为直拍快攻型或横拍防守型打法

打法类型体系的构建,弥补了原有打法分类方法的不足,为我国优秀女子青少年乒乓球运动员打法的选拔起到理论支撑的作用。

● 集训运动员的打法分布特点

在"百花齐放,百花争艳"打法选拔理念的指导下,国家乒乓球女子二队提出了"不拘一格选人才"的选材宗旨,其核心思想之一就是在我国优秀女子青少年乒乓球运动员的培养中科学抓好打法配备工作,突出体现在国家乒乓球女子二队组织的全国优秀女子青少年乒乓球运动员冬训中。

(1) 打法类型的分布

一名运动员的打法类型确定以后,通过长期的训练就形成运动员成熟、定型的技术系统,并表现为运动员不同的技术风格[1],培养什么样的技术风格,关系到运动员发展的方向和可能达到的水平,我国乒乓球运动之所以能够持续多年的跃进,其重要因素之一,就是不断地认识了技术风格的重要意义,并有效地培养了一批批具有独特风格的运动员[2],可见打法类型是运动员不断发展的基础,也突显出打法类型的布局对我国优秀女子青少年乒乓球运动员培养实践的重要意义。

在表3-24中,理想模型是2008年冬训参训教练员认为在一支队伍中执拍手、握拍法和打法类型各组成部分的最佳百分比。

表3-24 2008年至2012年冬训运动员打法类型分布

打法类型构成		2008年 人数 %	2009年 人数 %	2010年 人数 %	2011年 人数 %	2012年 人数 %	理想模型%
执拍手	左手	14 19.4	15 21.4	21 29.2	14 23.3	18 23.7	31.4
	右手	58 80.6	55 78.6	51 70.8	46 76.7	58 76.3	68.6
握拍法	直拍	9 13.9	11 15.7	10 13.9	11 18.3	11 14.5	21.4
	横拍	63 86.1	59 84.3	62 86.1	49 81.7	65 85.5	78.6

---

[1] 体育院校通用教材. 运动训练学 [M]. 北京:人民体育出版社,2000.
[2] 邱钟惠,庄家富,孙梅英,等. 现代乒乓球技术的研究 [M]. 北京:人民体育出版社,1982.

续表

打法类型构成		2008年		2009年		2010年		2011年		2012年		理想模型%
		人数	%	人数	%	人数	%	人数	%	人数	%	
打法类型	横拍两面反胶	48	66.7	46	65.7	40	55.6	33	55.0	45	59.2	48.6
	横拍颗粒打法	9	12.5	7	10.0	16	22.2	10	16.7	12	15.8	12.9
	直拍两面反胶	4	5.6	5	7.1	4	5.6	5	8.3	6	7.9	10.0
	直拍颗粒打法	5	6.9	6	8.6	6	8.3	6	10.0	5	6.6	11.4
	削球打法	6	8.3	6	8.6	6	8.3	6	10.0	8	10.5	17.1

第一，从执拍手来看。在2008年至2012年的5年中，从2008年至2010年左手比例呈逐渐增加的趋势，并且在2010年左手比例达到最高值29.2%，与教练员的理想模型31.4%最接近，但是2011年和2012年左手比例略有降低。左、右手配合是双打比赛的最佳搭档，在国家乒乓球女子二队主要参加的青少年奥运会、世界青年锦标赛、亚洲青少年锦标赛等国际比赛中都有双打或者混双比赛，比如，首届青少年奥运会的乒乓球团体赛是由男、女各一名运动员组队的混合团体赛，其中有一场混双的比赛，最后在团体前三名中冠军和季军都是左、右手搭档，分别是日本的丹羽孝希和谷冈亚由佳、顾玉婷（中国）和赫曼（突尼斯），可见左、右手搭档在比赛中优势。

第二，从握拍法来看。在全国优秀女子青少年乒乓球运动员集训选调运动员时虽然给予直拍打法以一定的优惠政策，但是在调查的5年冬训中直拍的比例都低于教练员的理想模型21.4%，其中2011年直拍打法的比例最高为18.3%。由此可以反映出，虽然乒乓界高层一再强调直拍打法培养的重要性，但是直拍打法在基层的培养中却存在较大的阻力，其主要原因是，与横拍打法相比，直拍打法培养周期长，出成绩相对较慢，而在后备人才培养的主要比赛中对运动员的年龄都做了一定的限制（表3-20）。与此同时，随着国际乒联对规则的不断改革和国家乒乓球女队对"女子技术男性化"训练理念的不断强化，对女子运动员力量素质的要求越来越高。由于直拍打法在动作结构上的限制和女子运动员自身力量素质的限制，增加了培养直拍打法运动员的难度，间接地促进了横拍打法的发展。

第三，从打法类型来看。从2008年至2011年，主流打法横拍两面反胶在打法类型中所占的比例呈逐渐下降的趋势，这主要是全国优秀女子青少年乒乓球运动员冬训宏观调控的结果，但是横拍两面反胶的比例始终都在55%以上，且大于教练员的理想模型48.6%。由于全国优秀女子青少年乒乓球运动员冬训在选调政策方面的优惠，非主流打法的各个打法类型都有逐渐上升的趋势，其中横拍颗粒打法所占的比例在2010年至2012年大于教练员的理想模型12.9%，2010年达到最大值22.2%，而直拍两面反胶、直拍颗粒打法和削球打法都小于教练员的理想模型，且从每年参加冬训人数的数量来看也非常稳定，这三种打法最多人数与最少人数相差只有两人，反映出在5年中这三种打法的运动员变化不大。

总体而言，在参加全国优秀女子青少年乒乓球运动员冬训的非主流打法中，现阶段除横拍颗粒打法的人数达到两位数，2012年为12人，其他非主流打法的人数都为个位数，2012年直拍两面反胶6人、直拍颗粒打法5人、削球打法8人，可见在我国优秀女子青少年乒乓球运动员中非主流打法的培养依然不容乐观，还需要各阶层教练员的进一步重视，教练员的理想模型可以作为各种打法发展的近期目标。

（2）执拍手的分布

在我国优秀女子青少年乒乓球运动员的培养中，左手和右手运动员的比例略小于3:7（见表3-24），这一比例与我国"左撇子"相对较少的现实情况有直接关系，决定了左手运动员的选拔面本身就很有限。在传统意义上的左手代表直觉能力、情感和自发性，而右手代表秩序、理性和纪律。单靠右手性法则，人类的精神永远不会走向完善[1]。可见，在我国优秀女子青少年乒乓球运动员的打法培养过程中，要特别重视左手运动员的培养，这不仅是从运动训练学角度，而且也是从心理学层面完善打法类型的布局。

从表3-25可以看出，在2008年至2012年的冬训中，随着名次的逐渐靠前，右手运动员所占的比例也呈逐渐增加的趋势，比较突出的是2008年，在前9名中全部都是右手运动员，并且在统计的5年冬训中，只有一名左手运动员（罗玥）于2009年进入前三名。即使从前9名来看，左手运动员也非常少，2011年和2012年都仅有一名运动员，分别是江越（第8名）和刘高阳（第7名），最多的是2009年和2010年，也只有2名运动员，分别是2009年罗玥（第3名）和薛丝雨（第5名），2010年顾玉婷（第4名）和李彦瑾（第8名）。

---

[1] 杰罗姆·布鲁纳. 论左手性思维 [M]. 彭正梅, 译. 上海：上海人民出版社. 2004.

表 3-25 2008 年至 2012 年冬训前 36 名运动员执拍手的分布

时间	执拍手	前36名 人数	%	前18名 人数	%	前9名 人数	%	前3名 人数	%	第1名 人数	%
2008 年	左手	8	22.2	4	22.2	0	0.0	0	0.0	0	0.0
	右手	28	77.8	14	77.8	9	100.0	3	100.0	1	100.0
2009 年	左手	9	25.0	3	16.7	2	22.2	1	33.3	0	0.0
	右手	27	75.0	15	83.3	7	77.8	2	66.7	1	100.0
2010 年	左手	11	30.6	4	22.2	2	22.2	0	0.0	0	0.0
	右手	25	69.4	14	77.8	7	77.8	3	100.0	1	100.0
2011 年	左手	10	27.8	4	22.2	1	11.1	0	0.0	0	0.0
	右手	26	72.2	14	77.8	8	88.9	3	100.0	1	100.0
2012 年	左手	10	27.8	5	27.8	1	11.1	0	0.0	0	0.0
	右手	26	72.2	13	72.2	8	88.9	3	100.0	1	100.0

对比表 3-24 和表 3-25 可以看出，虽然在前 9 名中左手运动员较少，但是在前 36 名和前 18 名中左手运动员的比例与总数的比例很接近甚至略高，反映出按照人数的比例来看，在前 36 名中左手运动员的比例略有增加。与左手相比，右手运动员不仅人数多，而且技战术水平较高，从 2008 年至 2012 年冬训的冠军运动员依次是杨扬、陈梦、赵岩、车晓曦、木子，且都为右手横拍打法，反映出右手横拍运动员竞争激烈的特点。

（3）握拍法的分布

从表 3-26 可以看出，在 2008 年至 2012 年的冬训中，随着名次的逐渐靠前，横拍运动员所占的比例也呈逐渐增加的趋势，比较突出的是 2008 年，在前 9 名中全部都是横拍运动员，并且在统计的 5 年冬训中，只有一名直拍运动员（张蔷）于 2011 年进入前三名。从 2009 年至 2012 年，每年在前 9 名中也都只有一名直拍运动员，分别是周昕彤（2009 年，第 9 名）和张蔷（2010 年，第 9 名；2011 年，第 3 名；2012 年，第 9 名），由此可见，虽然我国一直强调重视直拍打法的培养，但是直拍打法培养的现状是不仅基数少而且拔尖运动员相对匮乏。

表 3-26 2008 年至 2012 年冬训前 36 名运动员握拍法的分布

时间	握拍法	前36名 人数	%	前18名 人数	%	前9名 人数	%	前3名 人数	%	第1名 人数	%
2008 年	直拍	4	11.1	1	5.6	0	0.0	0	0.0	0	0.0
	横拍	32	88.9	17	94.4	9	100.0	3	100.0	1	100.0
2009 年	直拍	6	16.7	1	5.6	1	11.1	0	0.0	0	0.0
	横拍	30	83.3	17	94.4	8	88.9	3	100.0	1	100.0
2010 年	直拍	6	16.7	3	16.7	1	11.1	0	0.0	0	0.0
	横拍	30	83.3	15	83.3	8	88.9	3	100.0	1	100.0
2011 年	直拍	5	13.9	2	11.1	1	11.1	1	33.3	0	0.0
	横拍	31	86.1	16	88.9	8	88.9	2	66.7	1	100.0
2012 年	直拍	4	11.1	3	16.7	1	11.1	0	0.0	0	0.0
	横拍	32	88.9	15	83.3	8	88.9	3	100.0	1	100.0

（4）各种打法类型分布的比较

对比表 3-27 各种打法类型的成绩可以看出，在全国优秀女子青少年乒乓球运动员冬训的前 36 名中，作为主流打法的横拍两面反胶不仅人数最多，占 62.2%左右，而且成绩也最好。从 2008 年至 2011 年冬训的冠军都是横拍两面反胶打法，这也反映出在我国优秀女子青少年乒乓球运动员的培养中，能力较好的苗子采用横拍两面反胶打法的比较多。在非主流打法中，横拍颗粒打法的人数最多，在前 36 名中，人数比例是非主流打法中唯一超过 10%的打法，虽然随着名次靠前人数比例逐渐下降，但是在 2012 年冬训有一名运动员（木子）获得了冠军，这也是非主流打法取得的最好成绩。仅次于横拍颗粒打法的是直拍两面反胶打法和削球打法，人数虽然相对较少但是在统计的 5 年冬训中有成绩比较突出的运动员，2011 年一名直拍两面反胶运动员张蔷进入前三名（第 3 名），2008 年和 2012 年各有一名削球打法运动员进入前三名，分别是武扬（第 2 名）和刘斐（第 2 名），而直拍颗粒打法运动员的成绩就不够突出，在 5 年冬训中没有运动员进入前三名，只有一名运动员周昕彤于 2009 年获得第 9 名的直拍颗粒打法最好成绩。可见，在非主流打法中，直拍颗粒打法需要重点培养和扶持，这也正是在我国乒乓球后备人才培养的主要比赛中规定"每场女子团体比赛的出场运动员中，必须有一名运动员为直拍快攻型"（见表 3-23）的根本原因。

表 3-27 2008 年至 2012 年冬训前 36 名运动员打法类型的分布

名次	打法类型	2008 年 人数 %	2009 年 人数 %	2010 年 人数 %	2011 年 人数 %	2012 年 人数 %	合计 人数 %
前 36 名	横拍两面反胶	22 61.1	23 63.9	25 69.4	21 58.3	21 58.3	112 62.2
	横拍颗粒打法	8 22.2	5 13.9	2 5.6	6 16.7	6 16.7	27 15.0
	直拍两面反胶	0 0	2 5.6	2 5.6	2 5.6	3 8.3	9 5.0
	直拍颗粒打法	4 11.1	4 11.1	4 11.1	3 8.3	1 2.8	16 8.9
	削球打法	2 5.6	2 5.6	3 8.3	4 11.1	5 13.9	16 8.9
前 18 名	横拍两面反胶	10 55.6	15 83.3	13 72.2	14 77.8	11 61.1	63 70.0
	横拍颗粒打法	5 27.8	1 5.6	1 5.6	1 5.6	2 11.1	10 11.1
	直拍两面反胶	0 0	0 0	2 11.1	1 5.6	2 11.1	5 5.6
	直拍颗粒打法	1 5.6	1 5.6	1 5.6	1 5.6	1 5.6	5 5.6
	削球打法	2 11.1	1 5.6	1 5.6	1 5.6	2 11.1	7 7.8
前 9 名	横拍两面反胶	6 66.7	7 77.8	7 77.8	8 88.9	6 66.7	34 75.6
	横拍颗粒打法	1 11.1	1 11.1	1 11.1	0 0	1 11.1	4 8.9
	直拍两面反胶	0 0	0 0	1 11.1	1 11.1	1 11.1	3 6.7
	直拍颗粒打法	0 0	1 11.1	0 0	0 0	0 0	1 2.2
	削球打法	2 22.2	0 0	0 0	0 0	1 11.1	3 6.7
前 3 名	横拍两面反胶	2 66.7	3 100	3 100	2 66.7	1 33.3	11 73.3
	横拍颗粒打法	0 0	0 0	0 0	0 0	1 33.3	1 6.7
	直拍两面反胶	0 0	0 0	0 0	1 33.3	0 0	1 6.7
	直拍颗粒打法	0 0	0 0	0 0	0 0	0 0	0 0.0
	削球打法	1 33.3	0 0	0 0	0 0	1 33.3	2 13.3
第 1 名	横拍两面反胶	1 100	1 100	1 100	1 100	0 0	4 80.0
	横拍颗粒打法	0 0	0 0	0 0	0 0	1 100	1 20.0

综上可见，在全国优秀女子青少年乒乓球运动员集训中，运动员的打法及其竞技水平呈现出不均衡的特点，主要表现为主流打法分布的人数比例过高且竞技水平明显高于非主流打法。

3.1.3 集训期运动员的选拔手段

"积分制"是全国优秀女子青少年乒乓球运动员集训选拔的重要手段，是运动员在集训的竞争活动中优胜劣汰的手段，即把运动员的比赛、训练、生活，以及各种测试和考试等方面的表现进行量化处理，优者加分、劣者减分，把运动员选拔过程量化、透明化、公开化，从而发挥全国优秀女子青少年乒乓球运动员集训选拔的作用。

3.1.3.1 "积分制"竞争选拔的意义

在一定意义上讲，梯队建设是我国乒乓球运动发展的"战略纵深"，作为这个"战略纵深"的重要部分，国家乒乓球女子二队是国家一队和省市队之间承上启下的枢纽，"积分制"在国家乒乓球女子二队和省市队之间起着窗口作用（图3-3）。"积分制"中的"交流"比赛是国家乒乓球队选拔运动员的重要途径，在国家二队与省市队运动员之间的"交流"比赛既给国家二队队员以压力，又给各省市优秀运动员以机会，这样可以达到一个三赢的目的——既可以选拔优秀人才，又可以锻炼国家二队队员，还可以提高各省市乒乓球运动水平。

图3-3 "积分制"在国家队和省市队之间的窗口作用

在国家乒乓球女子二队组织的全国优秀女子青少年乒乓球运动员集训中，教练组充分引入"积分制"竞争的选拔手段，完善队伍的规章制度。比如，在每次集训前，教练组不仅从运动员选拔的源头狠抓集训的质量，而且在集训的过程中严格实行"积分制"，这样可以明显调动每个运动员的积极性，呈现出运动员你追我赶的良好竞争态势。不仅如此，为了达到不埋没人才的目的，在"积分制"中，教练组还给每名运动员向上冲的机会，比如，对于各省市表现突出的、积分相对比较高的优秀运动员可以得到优先与国家队运动员交流的机会，而对于积分相对比较低，但是表现也比较突出的运动员可以优先考虑参加下一次集训。通过这样的竞争机制，使每名运动员无论水平如何，都可以带着不同的目的来参加集训，优秀的要更优秀，落后的要追赶优秀的，增加了队员们参加集训的目的性，有的放矢，才能使得每一名运动员各有所得，这样也就达到集训的最终目的：给每一名参加集训的队员以收获，让她们通过集训满载而归。通过这样公开、公正、公平的运动员选拔手段，运动员都表现出了很高的训练热情，形成了一种运动员之间你追我赶、努力争先的良好的集训氛围。

可见，全国优秀女子青少年乒乓球运动员集训"积分制"竞争选拔的意义就在于，"积分制"是国家队向省市队打开的窗口，通过这个窗口，一方面为集训运动员搭建了一个展示自己、公平竞争、相互学习、共同进步的平台，另一方面也为优秀的省市运动员提供了进入国家队的机会，最大限度地提高了全国优秀女子青少年乒乓球运动员集训选拔的效能。

3.1.3.2 "积分制"发展的演变

"积分制"充分发挥作用和展开的标志是优胜劣汰，那么一名运动员"优"在哪里、"优"到什么程度就适合被选拔作进一步培养？这是在"积分制"中需要面对的关键问题。要科学回答这个问题，并不能一蹴而就，需要长期摸索，从现有的研究来看，"积分制"的发展演进可以分为以下三个阶段。

● "积分制"的基础阶段

2008年，"积分制"处于基础阶段。

在这一阶段中，"积分制"的实施过程是以《队内积分办法及管理条例》文件为基础，按照月为单位制定相关的《比赛、训练作风及生活管理积分》，最后把各月的积分汇总，按照管理办法和积分成绩对运动员进行管理。

在《国家乒乓球女子二队2008年队内积分办法及管理条例》（详见附件一）的第一部分"实施升降方法"中，对国家乒乓球女子二队队员与一队队员之间的升降级办法、国家乒乓球女子二队队员与和省市队队员之间的升降级办法、国家乒乓球女子二队队员调整回省的办法、省市队队员直接进入国家二队的办法、对特殊打法的照顾原则作了明确规定，这部分内容成为"积分制"最核心的内容，具有纲领性的作用，奠定了实施"积分制"的基础。

在《国家乒乓球女子二队2008年队内积分办法及管理条例》（详见附件一）的第二部分"实施细则"中，分为"比赛积分办法"和"比赛、训练作风及生活管理办法"两个方面，把运动员的比赛成绩和队伍的"三风"建设（比赛作风、训练作风、思想作风）紧密结合，充分体现出我乒乓球后备人才培养的发展方向：不仅成绩好，而且作风好。在具体实施中，根据实施细则，制定《国家乒乓球女子二队比赛、训练作风及生活管理积分表》（详见附件二），详细记录了运动员比赛管理、训练管理、生活管理三项积分的日期、奖励、罚分及其原因。

● "积分制"的发展阶段

2009年至2011年是"积分制"的发展阶段。

2008年北京奥运会之后，面临新的奥运周期，在2009年，国家乒乓球女子二队对我国优秀女子青少年乒乓球运动员的培养提出了新的发展思路：深入学习实践科学发展观，充分发挥举国体制的优势，根据女子后备人才培养的科学规律，走科学发展、和谐发展和可持续发展之路，把国家乒乓球女子二队打造成为一支技术先进、身体素质好、有知识、有文化、综合素质高、纪律严明、能经得住考验、能打硬仗的队伍。对比2008年以前国家乒乓球女子二队"打造一支思想过硬、作风顽强、能打硬仗的队伍"的发展思路可见，从2009年开始注重对运动员文化素质和身体素质的培养。

在这一发展思路的指导下，国家乒乓球女子二队教练组提出，在我国优秀女子青少年乒乓球运动员的培养中要注重运动员技术能力、战术能力、心理能力、人文素质、身体素质等综合素质的培养，在选拔人才的过程中，增加必要的文化课考核和测试，如果文化课成绩不达标，即使该运动员具备优秀乒乓球运动员潜质也不能入选国家乒乓球女子二队。这一点也反映在《国家乒乓球女子二队2009年队内积分办法及管理条例》（详见附件三）中，明确规定"体能及文化课测试不达标、不及格要扣分"，形成了新的"积分制"的管理模式。并且，在国家乒乓球女子二队运动员执行的《队内积分办法及管理条例》的基础上，从2010年冬训开始，在每一次集训中都制定面向全体运动员执行的《比赛、训练及生活管理条例》，提高了"积分制"的针对性。

在图3-4所示的"积分制"管理模式中，实线部分是2008年以前的内容，虚线部分是2009年新增加的内容。从2009年冬训开始，在集训中安排体能测试、文化课学习和考试，并且在2009年国家乒乓球女子二队率先把文化考试列入了进队标准，规定文化成绩不合格者暂缓进队，同时考试成绩比较好的队员会优先录用。比如，华东理工大学的邓悦在2010年年初的集训中，虽然技术水平只是中游偏上，但文化成绩很好，被国家乒乓球女子二队教练组选调入队。这一消息在2010年6月24日《中国体育报》的头版进行了报道，扩大了影响，通过选拔标准的改革，从国家乒乓球女子二队到省市队，自上而下形成了非常好的示范和带动作用。

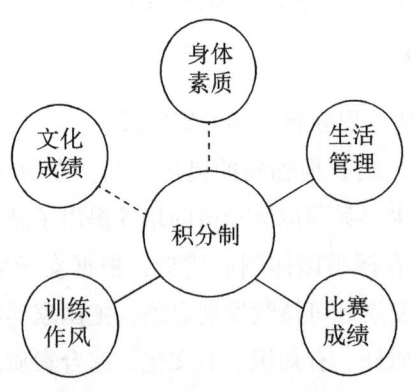

图 3-4 "积分制"的管理模式

从 2009 年少儿八杯赛乒乓球总决赛开始，中国乒乓球协会就把文化课考试纳入后备人才培养的全国性青少年乒乓球比赛中，主要包括全国少儿乒乓球杯赛总决赛、全国少年乒乓球比赛（南、北方赛区）、全国少年锦标赛，于 2011 年 4 月推出了《全国性少年比赛文化课考试实施办法（试行）》[1]，并于 2011 年 5 月推出了《全国性少年比赛文化课考试题库》[2]，对我国乒乓球后备人才培养的文化考试进行规范。

● "积分制"的完善阶段

2012 年，"积分制"进入完善阶段。

从 2012 年开始，"积分制"的管理模式已经定型（图 3-4），"积分制"进入在原有管理模式的框架下不断完善的阶段，其内容主要包括以下三个方面。

第一，对《全国性少年比赛文化课考试题库》不断补充，拓宽知识面、细化考核标准，引导各省市对后备人才培养中文化学习的重视程度。第二，制订国家乒乓球女子二队文化学习和考核的发展规划，近期目标是：在文化考试中不仅考核运动员学习知识的能力，而且考核运动员运用知识的能力和分析事物的能

---

[1] 全国性少年比赛文化课考试实施办法（试行）[EB/OL].[2011-04-06]. http：//www.ctta.cn/xhgg/qttz/2011/0406/103078.html.

[2] 全国性少年比赛文化课考试题库[EB/OL].[2011-05-14]. http：//www.ctta.cn/xhgg/qttz/2011/0514/103105.html.

力,提高运动员对所学知识的应用能力;远期目标是:运动员不仅要拿世界冠军,而且要具备推广乒乓球运动的能力,主要是提高运动员的外语能力,面对媒体用外语沟通和表达的能力,提高中国乒乓球的世界影响力。与此同时,最终要实现国家乒乓球女子二队文化教育的制度化、组织化和正规化。第三,不断完善管理理念。在"积分制"中,原有的管理模式的优点是"量化、透明化、公开化管理过程和内容",毋庸置疑,这些刚性的"管理工具"对实现队伍发展的稳定性、规范性并获得较高的效率起到了明显的推动作用,但任何事物都有其两面性,正是由于其刚性,在实践中往往又限制了运动员的个性和主观能动性,使运动员存在一定的抵触心理。因此,完善管理理念首先要特别强调正确处理好内因和外因的辩证关系,变外在管理为内在管理,充分调动运动员内在管理的作用,把自律化为运动员的习惯。因此,"积分制"在完善阶段的发展方向是,在不断优化运动员自我约束机制的基础上,不断完善运动员的自我发展机制。

从"积分制"的发展演变过程来看,在全国优秀女子青少年乒乓球运动员集训的"积分制"选拔中,在运动员竞技水平和运动成绩的基础上,越来越强调"以人为本"的思想,主要发展运动员的综合素质和全球视野,提高运动员可持续发展的能力。

3.1.4 研究小结

①在集训期运动员选拔准则中,重要程度比较突出的四个选拔准则分别是运动员成绩择优、公平公正公开选拔、运动员年龄真实性和运动员适宜年龄优先。

②2008年至2012年全国优秀女子青少年乒乓球运动员集训的参训人员主要由国家乒乓球女子二队队员、全国优秀苗子集训成绩突出的运动员、全国性青少年比赛成绩突出的运动员、选调运动员和自费运动员五类构成。在此基础上,根据运动员的地域、年龄、打法进行选拔。

③"积分制"是我国优秀女子青少年乒乓球运动员集训期参训人员的选拔手段,其主要作用体现在两方面,一方面是科学化积分内容,另一方面是量化、透明化、公开化运动员选拔过程。

3.2 我国优秀女子青少年乒乓球运动员集训期训练计划和比赛组织特征

鉴于全国优秀女子青少年乒乓球运动员集训期人员选拔的复杂性和动态性特征，导致每次参训运动员的构成是一个动态的过程，为了充分利用有限的集训时间，高效完成每次集训的训练目标，教练组就要对集训的训练计划和比赛组织进行科学、合理的安排。

3.2.1 集训期训练计划的安排

随着"积分制"的不断完善，在我国优秀女子青少年乒乓球运动员的培养中，国家乒乓球女子二队教练组对训练的理解，逐渐从原来狭义的技战术训练，转变为广义的全面培养运动员，突出地体现在转变原有的三个观念：重技术轻体能；重训练轻文化；重成绩轻素质教育。在转变观念的同时，国家乒乓球女子二队于 2010 年提出了"追求训练效率最大化"训练计划的组织理念，主要对训练内容和训练时间的安排进行探索性改革，其根本目的是在有限的时间内，合理地安排训练内容和训练时间，提高训练效率。

3.2.1.1 训练计划的内容安排

"积分制"是"追求训练效率最大化"训练计划组织理念发展的内因，体现出在新时期运动员之间的竞争是综合能力的竞争，围绕"积分制"，训练内容的安排就成为"追求训练效率最大化"训练计划组织理念的外在表现。在 2011 年全国优秀女子青少年乒乓球运动员冬训中，国家乒乓球女子二队教练组对训练内容的组织安排进行了改革。首先，国家乒乓球女子二队教练组对冬训 36 天的训练内容进行阶段划分（表 3-28）。

表 3-28　2011 年全国优秀女子青少年乒乓球运动员冬训阶段划分

阶段	训练内容	时间
第一阶段	赛前训练	2010 年 12 月 27 日—12 月 28 日
第二阶段	分组循环赛	2010 年 12 月 29 日—12 月 30 日

续表

阶段	训练内容	时间
第三阶段	分组训练	2011年1月1日—1月12日
第四阶段	第一次分组对抗赛	2011年1月13日—1月15日
第五阶段	分组训练	2011年1月16日—1月25日
第六阶段	第二次分组对抗赛	2011年1月26日—1月30日

2011年2月1日离开黄石基地

从表3-28中可以看出，2011年全国优秀女子青少年乒乓球运动员冬训由三次训练和三次比赛互相间隔构成冬训的六个阶段，这种划分方法既可以避免由于参训人数多，比赛过于集中，把一次集训变成一次长时间比赛的不利结果，又有利于运动员在每次比赛后及时总结，并在随后的训练中进行有针对性的训练，把"学习"因素和"训练"因素[1]很好地融合在整个集训过程中，真正达到运动员在比赛中学习、在训练中提高的目的。

在宏观地对整个冬训进行阶段划分的基础上，以"周"为单位，国家乒乓球女子二队教练组对每周训练计划的内容进行了安排（表3-29），主要包括大早操、技术训练、体能训练、文化学习、业务学习、教学比赛等内容。从表3-29的周训练计划中可以看出，在一周的训练中有两次调整，分别是周四上午和周日下午，两次调整将一周的训练分为了两段结构。把周训练计划和比赛安排相结合，以"日"为单位，国家乒乓球女子二队教练组制定了冬训的"训练时间内容及日程表"（详见附件四），从中观的层面进一步地把整个冬训的训练内容展开，便于参训教练员和运动员全面地了解训练内容，对参训安排进行合理地规划。

表3-29 2011年全国优秀女子青少年乒乓球运动员冬训周训练计划

时间	周一	周二	周三	周四	周五	周六	周日
早晨	大早操			大早操		大早操	
上午	技术训练	体能训练	体能训练	体能训练	体能训练	教学比赛	技术训练
		技术训练	技术训练		技术训练		

---

[1] 体育学院通用教材. 运动训练学 [M]. 北京：人民体育出版社，2000.

续表

时间	周一	周二	周三	周四	周五	周六	周日
下午	技术训练 体能训练	技术训练	技术训练	技术训练 体能训练	技术训练	教学比赛	
晚上	文化课	业务学习	文化课	文化课	机动安排		点名 周训练小结

运动员竞技能力的提高，归根结底要落实到每一堂训练课上。因此，国家乒乓球女子二队教练组构建了《冬训总教案》（详见附件五）、《技术教案》（详见附件六）、《体能教案》（详见附件七）三种教案为一体的教案体系。教案体系从微观层面对训练计划的内容进行细化分解，其中《冬训总教案》统领整个教案体系，按照早操部分、准备部分、基本部分（包括体能训练和技术训练）、恢复部分和学习部分五阶段进行划分，把整个冬训的训练和学习内容有机地融合为一体，并就每个阶段的核心内容、训练或学习时间及其要求进行说明，对整个冬训的训练和学习起到提纲挈领的作用。通过《冬训总教案》教练员和运动员可以了解冬训各训练阶段的主要内容和指导思想，使训练的目标更加明确。《技术教案》和《体能教案》是对冬训总教案基本部分的详细说明，更加细致地讲解技术训练和体能训练的内容、时间、要求，其中《体能教案》是在全国优秀女子青少年乒乓球运动员集训中首次采用，旨在提高体能训练的规范化，保证体能训练的质量。这一教案体系的构建，将"积分制"对运动员全面培养的要求切实落实到每一堂训练课的训练内容中。

综上可见，国家乒乓球女子二队教练组从宏观、中观、微观三个层面对全国优秀女子青少年乒乓球运动员集训训练计划的内容进行安排，对提高全国优秀女子青少年乒乓球运动员集训的训练效率起到了重要的作用。

3.2.1.2 训练计划的时间安排

"时间就是效率"。作为训练计划内容存在的过程，训练计划的时间安排是实现"训练效率最大化"的内在因素。每次全国优秀女子青少年乒乓球运动员集训的总时间都在一个月至两个月，在确定了训练内容以后，各项训练内容的时间安排就成为集训组织的重要工作。

从表 3-30 可以看出，在四个训练内容中，技术训练时间比例最高，且比例呈逐渐增加的趋势，2012年春训达到最高的44.7%，反映出技术训练是整个训练内容的主体部分。乒乓球属于技能主导类隔网对抗性项群，技术和战术在乒乓球运动员竞技能力各决定因素中起决定性作用[1]，可见技战术训练在乒乓球训练中的重要地位。全国优秀女子青少年乒乓球运动员集训的主要任务是提高运动员的技战术水平，在技战术训练的指导思想方面特别强调基本功的训练，扎实的基本功是保持较长高峰年限的重要条件[2]，急于求成、拔苗助长将不利于运动员的长远发展。尤其是随着国际乒联对规则不断地修改，会破坏原有单个的、同类的、成套的、整体的动力定型，会破坏原有的一整套竞技意识[3]，对于国家乒乓球女子二队而言，往往要比国家一队运动员提前适应新规则，比如，全面禁止使用有机胶水于2008年9月1日开始实施，国家乒乓球女子二队就提前使用无机胶水近一年时间，并在2008年全国优秀女子青少年乒乓球运动员夏训期间对陈梦连续三天（2008年7月6日至8日）6节训练课1790次击球进行了监控[4]，反映出：①陈梦在单球训练中，触网回合率非常高，达到29.1%，这也就是说，运动员在训练中，每打3个回合就可能有1个回合出现擦网或下网的现象，另外，在有些回合中不仅出现1次擦网，还有出现2次甚至2次以上擦网的回合；②陈梦在技战术训练中，在副练时的下网失误率高于主练的失误率，并达到显著水平（$P<0.05$），也就是说，与主动发力进攻相比，在被动防守的情况下，陈梦下网失误的概率明显增加。依据研究结果，在2009年全国优秀女子青少年乒乓球运动员冬训的技术训练中，对运动员的技术动作做了相应的调整，比如，加大动作幅度、强调身体协调用力；提高主动发力摩擦球的意识；在防守过程中提高制造弧线的能力等。由此可见，这样精细化的技术训练必然需要较长的训练时间才能重新建立适应新规则的技术动力定型，良好的训练效果必须以足够的训练时间作保障。

---

[1] 田麦久. 项群训练理论 [M]. 北京：人民体育出版社，1998.
[2] 刘建和. 优秀乒乓球运动员训练阶段、打法建立、运动动机的研究 [J]. 中国体育科技，1985（20）：21-36.
[3] 吴焕群，张晓蓬. 中国乒乓球竞技制胜规律的科学研究与创新实践 [M]. 北京：人民体育出版社，2009.
[4] 韩华，李永安. 使用无机胶水对乒乓球运动员训练影响的研究 [J]. 中国体育教练员，2008（4）：28-29.

表 3-30　全国优秀女子青少年乒乓球运动员集训训练内容的时间安排

内容	2011年冬训 时间(分)	%	2011年夏训 时间(分)	%	2012年冬训 时间(分)	%	2012年春训 时间(分)	%	合计 时间(分)	%
技术	5260	36.4	3440	34.6	4060	41.9	4640	44.7	17400	39.1
体能	4110	28.4	2040	20.5	2580	26.6	2700	26.0	11430	25.7
比赛	3800	26.3	2880	28.9	2090	21.6	2080	20.0	10850	24.4
学习	1275	8.8	1590	16.0	960	9.9	960	9.2	4785	10.8

与技术训练相比，体能训练和比赛的时间安排较少，所占比例都在25%左右，且体能训练时间的比例呈现出逐渐高于比赛的趋势。

比赛时间主要包括两部分：①大循环比赛的时间，主要是完成一次所有运动员的循环比赛，大循环比赛最终名次直接关系着"积分制"的比赛积分和运动员参加"交流"比赛的资格，可见大循环比赛的重要性，而且每次集训参训人数较多，运动员之间的竞争非常激烈，因此大循环比赛的时间是集训比赛时间的最主要组成部分；②教学比赛的时间，在每次集训中都要安排有针对性的教学比赛，比如打关键球的比赛、发球抢攻比赛、淘汰附加赛、搓球比赛等，且每周一般安排1~2次。如表3-29所示，2011年全国优秀女子青少年乒乓球运动员冬训每周安排两次教学比赛，教学比赛的时间所占比例相对较少。

体能训练的时间除体能训练以外还包括准备活动和整理活动的时间，主要原因是在原有培养人的模式下，由于超强度、单一早期专业化的训练，运动员的伤病难以避免，如何尽最大可能避免运动员伤病的年轻化，增强运动员发展的后劲，首先就要从意识上使教练员和运动员认识到准备活动、整理活动和体能训练一样重要，体能训练不仅要提高运动员身体的运动能力，在运动员的培养中更关键的是达到防伤防病、延长运动寿命的目的。比如，在2011年全国优秀女子青少年乒乓球运动员冬训中开始配备专门的体能教练，制定专门的《体能教案》，明确准备活动、体能训练和整理活动的要求，并且在体能训练中技术教练要配合体能教练参与组织工作。

在四个训练内容的时间比例中，"学习"所占的比例最小，只有10%左右。学习的时间主要包括业务学习和文化学习两部分，其中业务学习是全国优秀女子青少年乒乓球运动员集训的传统学习形式，主要是就乒乓球专业知识和实践，以及与运动训练相关的基础知识进行教学,而文化学习是从 2009 年全国乒乓球优秀女子青少年冬训开始。国家乒乓球女子二队教练组提出"既追求金牌、更追求人的全面发展"的后备人才培养思路,摆脱"重视训练、忽视教育"的路径依赖[1],在全国优秀女子青少年乒乓球运动员集训中首次聘请当地的小学教师对参训运动员进行语文和数学的教学与考试,并把集训中文化课运动员的表现和文化课考试成绩纳入"积分制"中,这样最大限度地调动了参训运动员文化课学习的积极性。与此同时,向各省市起到了良好的示范作用,促使各省市在后备人才培养中进一步重视运动员的文化教育。从此以后,在每次全国优秀女子青少年乒乓球运动员集训中都聘请当地的教师对运动员进行文化教学和考试,"学习"成为运动员培养的重要内容之一。

2012 年在黄石举行的伦敦奥运会庆功会上,时任国家体育总局副局长、中国乒协主席蔡振华在庆功会上提出"中国乒乓球运动第三次创业计划"的构想以后,对我国乒乓球后备人才培养中文化教育的功能提出新的要求,其目标是培养的运动员不仅要拿世界冠军,而且要具备推广乒乓球运动的能力,主要是提高运动员的外语能力,面对媒体用外语沟通和表达的能力,提高中国乒乓球的世界影响力。同时,实现文化教育的制度化、组织化、正规化,将有利于运动员接受系统的文化教育,更好、更快地提高运动员的文化素质。为此,国家乒乓球女子二队教练组提出要进一步增加在运动员培养中文化学习的时间比例,但这是一个逐步摸索和循序渐进的过程,不能一蹴而就,初步的目标是接近整个训练时间的 20%。

可见,全国优秀女子青少年乒乓球运动员集训时间安排的现状是技术训练所占比例的 40%,体现出教练员对乒乓球作为技能主导类项目训练特点的认识,同时,在运动员综合能力培养的目标指引下,教练员认为学习时间的比例应从现在的 10% 逐步增加到 20%,反映出教练员对运动员培养观念的转变。

3.2.2 集训期比赛组织的方法

在全国优秀女子青少年乒乓球运动员集训中,参训人数多(夏训 60 人左右,冬训 70 人左右)、集训时间短(一个月至两个月)、集训工作任务多,因此集训

---

[1] 华洪兴. 超越"路径依赖",谋求全面发展 [J]. 体育科学, 2006, 26 (6): 75-78.

比赛的时间非常有限。根据国家乒乓球女子二队"积分制",集训成绩突出的省市运动员有资格与国家乒乓球女子二队成绩靠后的运动员进行"交流"赛,这样省市运动员就有机会入选国家乒乓球女子二队,因此每次集训的大循环成绩对于每名运动员都至关重要。但是完成一次60至70人的大循环赛需要约半个月的时间,教练组为了避免比赛过于集中、比赛强度过大,通常把运动员分为4个小组,并把整个集训分为赛前训练、分组循环赛、分组训练、分组对抗赛、分组训练、分组对抗赛六个阶段(见表3-28),其中分组对抗赛的组间对抗次数按照实际情况安排,这样就构成了全国优秀女子青少年乒乓球运动员集训比赛常用的分组循环对抗赛的比赛组织管理方法。比如,在2011年全国优秀女子青少年乒乓球运动员夏训中,一共有54名运动员参训,分4组进行分组循环对抗赛,其中A组和B组分别有14人,C组和D组分别有13人,其组织管理如表3-31所示。在以下的研究中都是以本次夏训的分组循环对抗赛为例。

表 3-31 2011 年夏训分组循环对抗赛组织管理表

序号		A组 A1、A2…A14	B组 B1、B2…B14	C组 C1、C2…C13	D组 D1、D2…D13
A组	A1 ⋮ A14	A组循环	AB组对抗	AC组对抗	AD组对抗
B组	B1 ⋮ B14	BA组对抗	B组循环	BC组对抗	BD组对抗
C组	C1 ⋮ C13	CA组对抗	CB组对抗	C组循环	CD组对抗
D组	D1 ⋮ D13	DA组对抗	DB组对抗	DC组对抗	D组循环

从表3-31可以看出,如果把2011年全国优秀女子青少年乒乓球运动员夏训所有分组循环和分组对抗的比赛表格有机结合在一起,分组循环对抗赛的比赛方法本质上是完成了一次所有运动员的大循环比赛。由此可见,通过分组循环对抗赛的比赛形式实现了全国优秀女子青少年乒乓球运动员集训的最终目的,参训运动员相互间都进行一次比赛并获得了大循环赛的成绩,为国家乒乓球女子二队"积分制"提供参考依据。

3.2.2.1 集训期比赛抽签的方法

在全国优秀女子青少年乒乓球运动员集训的比赛抽签中,首先根据运动员的竞技水平或者以往参训名次进行蛇形分组排列，然后依据运动员的单位和打法进行适当调整，其原则是：

①同单位合理分开。比如，分4组进行对抗赛，同单位排名1~4号抽入不同小组，排名5~8号抽入不同小组，以此类推；

②不同打法合理分开。教练员把运动员的打法类型分为横拍两面反胶打法、横拍颗粒打法、直拍打法和削球打法四类，这四类打法按照竞技水平排名在各组合理分开，其方法与原则①类似。

③如果原则①和原则②发生冲突，以原则①优先。

④每两组人数之差的绝对值小于等于1。

可见，通过比赛抽签的方法，能够使不同单位、不同打法的运动员在比赛中实现最大限度的机会均等。

3.2.2.2 集训期比赛编排的方法

在全国优秀女子青少年乒乓球运动员集训的人员构成中，省市运动员往往占2/3以上（见表3-2），而且年龄段为11岁到22岁（见表3-21），由于缺乏科学合理的组织管理方法，在组织管理比赛中主要存在两个问题：①由于每个小组中运动员竞技水平的差距比较明显，如果比赛编排不当就会导致比赛结果早早决出，失去比赛的竞争魅力；②原有比赛由于缺少对球台的安排，在比赛中往往是运动员自由选择，在这种情况下，一些老运动员或者技术水平高的运动员通常具有优先选择权，而这部分运动员经常选择在同一张球台上进行比赛，使得他们对比赛环境比较熟悉，直接导致比赛的不公平。为了最大限度地保证比赛的公平性、提高比赛的观赏性，培养运动员公平竞赛的体育精神，对比赛的编排方法进行研究是十分重要的。

● 循环赛的编排

国家乒乓球女子二队教练组对比赛编排的要求是：在比赛中，使每一名运动员尽可能利用所有球台进行比赛，并尽可能使运动员不连续在同一张球台上比赛，避免运动员由于熟悉球台环境造成的不公平现象。以此为依据，科研人员对循环赛、对抗赛的轮次编排与球台编排进行了深入的研究，并提出了相应的编排方法。

从表3-32可以看出，A组和B组14人组循环赛轮次的编排方法是"1号位不动逆时针轮转法"[1]，在这种轮次编排方法中，除了1号运动员以外，在轮次的变动中可以看作2号至14号运动员逆时针的齐步走，且轮次增加"1轮"所有运动员都走"1步"，因此如果要避免一名运动员连续两轮在同一张球台上比赛，那么在轮次每增加"1轮"时球台号变动数大于"1台"即可。基于这个设想，形成了"奇、偶轮流跳台"的球台编排方法，具体方法是根据轮次安排中"1号位不动"的特点，1号位的球台首先奇数台轮转，奇数台轮转完以后偶数台轮转，以此类推，奇数台和偶数台不断循环直至所有轮次比赛结束，实现了之前球台号变化特点的设想。与此同时，虽然C组和D组13人存在轮空的现象，但是其编排方法可以与14人的类似，只要把14号换成0号即可，每一轮会多出一张球台作为机动球台使用。

表3-32 A组和B组14人循环赛的编排表

台	(一)	台	(二)	台	(三)	台	(四)	台	(五)	台	(六)	台	(七)
1	1—14	3	1—13	5	1—12	7	1—11	2	1—10	4	1—9	6	1—8
2	2—13	4	14—12	6	13—11	1	12—10	3	11—9	5	10—8	7	9—7
3	3—12	5	2—11	7	14—10	2	13—9	4	12—8	6	11—7	1	10—6
4	4—11	6	3—10	1	2—9	3	14—8	5	13—7	7	12—6	2	11—5
5	5—10	7	4—9	2	3—8	4	4—7	6	14—6	1	13—5	3	12—4
6	6—9	1	5—8	3	4—7	5	3—6	7	2—5	2	14—4	4	13—3
7	7—8	2	6—7	4	5—6	6	4—5	1	3—4	3	2—3	5	14—2

台	(八)	台	(九)	台	(十)	台	(十一)	台	(十二)	台	(十三)
1	1—7	3	1—6	5	1—5	7	1—4	2	1—3	4	1—2
2	8—6	4	7—5	6	6—4	1	5—3	3	4—2	5	3—14
3	9—5	5	8—4	7	7—3	2	6—2	4	5—14	6	4—13
4	10—4	6	9—3	1	8—2	3	7—14	5	6—13	7	5—12
5	11—3	7	10—2	2	9—14	4	8—13	6	7—12	1	6—11
6	12—2	1	11—14	3	10—13	5	9—12	7	8—11	2	7—10
7	13—14	2	12—13	4	11—12	6	10—11	1	9—10	3	8—9

● 对抗赛的编排

与循环赛相比，由于对抗赛的比赛方法常用于训练性比赛，所以人们对于对抗赛编排的研究相对较少。在对抗赛的编排工作中，首先要解决的是轮次编排的问题。依据比赛的抽签方法，往往是种子运动员或者是成绩好的运动员在每个小组中的号位都比较靠前，且号位越靠前的运动员竞技水平越高。为了体现对从理

---

[1] 程嘉炎. 球类运动竞赛法 [M]. 北京：人民体育出版社，2003.

论上可能获得冠军的最强运动员的照顾[1]，使比赛在最后阶段能够逐渐进入高潮，科研人员设计了对抗赛的轮次编排方法。

从表3-33可以看出，在A组和B组对抗赛轮次的安排中，对两个组"A1"和"B1"的1号运动员而言，同时实现了对另一个组运动员实力由弱到强的比赛顺序，并且在比赛的最后一轮实现了两个组理论上实力最强的两个运动员"A1"和"B1"的比赛，这样有利于逐渐增加比赛的激烈程度。同时，如果是A组14人对C组13人进行组间对抗时，只要在轮次表C组中增加第14人，并将"C14"相应的轮次写成"0"，即A组运动员与"C14"比赛为轮空，即是两组人数不同时组间对抗轮次表的编排方法。

表3-33　A组和B组14人对抗赛轮次表的网状表

序号	B1	B2	B3	B4	B5	B6	B7	B8	B9	B10	B11	B12	B13	B14
A1	14	13	12	11	10	9	8	7	6	5	4	3	2	1
A2	13	12	11	10	9	8	7	6	5	4	3	2	1	14
A3	12	11	10	9	8	7	6	5	4	3	2	1	14	13
A4	11	10	9	8	7	6	5	4	3	2	1	14	13	12
A5	10	9	8	7	6	5	4	3	2	1	14	13	12	11
A6	9	8	7	6	5	4	3	2	1	14	13	12	11	10
A7	8	7	6	5	4	3	2	1	14	13	12	11	10	9
A8	7	6	5	4	3	2	1	14	13	12	11	10	9	8
A9	6	5	4	3	2	1	14	13	12	11	10	9	8	7
A10	5	4	3	2	1	14	13	12	11	10	9	8	7	6
A11	4	3	2	1	14	13	12	11	10	9	8	7	6	5
A12	3	2	1	14	13	12	11	10	9	8	7	6	5	4
A13	2	1	14	13	12	11	10	9	8	7	6	5	4	3
A14	1	14	13	12	11	10	9	8	7	6	5	4	3	2

如果把轮次表从表3-33的网状表改为表3-34的列状表就可以看出，对抗赛轮次表的编排方法呈"一组不动，另一组从尾到头轮转"的特点。

---

[1]程嘉炎. 球类运动竞赛法[M]. 北京：人民体育出版社，2003.

表 3-34　A 组和 B 组 14 人对抗赛轮次表的列状表

（一）	（二）	（三）	（四）	（五）	（六）	（七）
1—14	1—13	1—12	1—11	1—10	1—9	1—8
2—13	2—12	2—11	2—10	2—9	2—8	2—7
3—12	3—11	3—10	3—9	3—8	3—7	3—6
4—11	4—10	4—9	4—8	4—7	4—6	4—5
5—10	5—9	5—8	5—7	5—6	5—5	5—4
6—9	6—8	6—7	6—6	6—5	6—4	6—3
7—8	7—7	7—6	7—5	7—4	7—3	7—2
8—7	8—6	8—5	8—4	8—3	8—2	8—1
9—6	9—5	9—4	9—3	9—2	9—1	9—14
10—5	10—4	10—3	10—2	10—1	10—14	10—13
11—4	11—3	11—2	11—1	11—14	11—13	11—12
12—3	12—2	12—1	12—14	12—13	12—12	12—11
13—2	13—1	13—14	13—13	13—12	13—11	13—10
14—1	14—14	14—13	14—12	14—11	14—10	14—9

（八）	（九）	（十）	（十一）	（十二）	（十三）	（十四）
1—7	1—6	1—5	1—4	1—3	1—2	1—1
2—6	2—5	2—4	2—3	2—2	2—1	2—14
3—5	3—4	3—3	3—2	3—1	3—14	3—13
4—4	4—3	4—2	4—1	4—14	4—13	4—12
5—3	5—2	5—1	5—14	5—13	5—12	5—11
6—2	6—1	6—14	6—13	6—12	6—11	6—10
7—1	7—14	7—13	7—12	7—11	7—10	7—9
8—14	8—13	8—12	8—11	8—10	8—9	8—8
9—13	9—12	9—11	9—10	9—9	9—8	9—7
10—12	10—11	10—10	10—9	10—8	10—7	10—6
11—11	11—10	11—9	11—8	11—7	11—6	11—5
12—10	12—9	12—8	12—7	12—6	12—5	12—4
13—9	13—8	13—7	13—6	13—5	13—4	13—3
14—8	14—7	14—6	14—5	14—4	14—3	14—2

从表 3-34 可以看出，A 组和 B 组各组的 14 人随着轮次每增加 1 轮时，1 号

至14号运动员以头尾循环的方式逐个进行比赛,可见这种比赛轮次的变化形式与循环赛的类似,同样可以采用"奇、偶轮流跳台"的球台编排方法,但是对抗赛与循环赛轮次表的编排方法不同,根据对抗赛在每一轮比赛中如果一组运动员确定那么另一组运动员也相应确定的特点,结合循环赛"奇、偶轮流跳台"的球台编排方法,首先对一组运动员进行固定再编排球台,构成了组间对抗"一组不动,另一组从尾到头轮转"的编排方法,在表3-35中是把A组运动员固定对球台进行编排的方法。如果两组运动员数量不同进行编排时,比如A组14人和D组13人组间对抗编排时,最简便的方法是固定人数较少的D组,并用"D14"把D组人数补充到与A组人数相同,相应的比赛球台标为"0",代表A组与"D14"比赛的运动员轮空,相应的空台可以作为机动球台。

表3-35　A组和B组14人对抗赛的球台编排表

序号	1轮	2轮	3轮	4轮	5轮	6轮	7轮	8轮	9轮	10轮	11轮	12轮	13轮	14轮
A1	1	3	5	7	9	11	13	2	4	6	8	10	12	14
A2	2	4	6	8	10	12	14	3	5	7	9	11	13	1
A3	3	5	7	9	11	13	1	4	6	8	10	12	14	2
A4	4	6	8	10	12	14	2	5	7	9	11	13	1	3
A5	5	7	9	11	13	1	3	6	8	10	12	14	2	4
A6	6	8	10	12	14	2	4	7	9	11	13	1	3	5
A7	7	9	11	13	1	3	5	8	10	12	14	2	4	6
A8	8	10	12	14	2	4	6	9	11	13	1	3	5	7
A9	9	11	13	1	3	5	7	10	12	14	2	4	6	8
A10	10	12	14	2	4	6	8	11	13	1	3	5	7	9
A11	11	13	1	3	5	7	9	12	14	2	4	6	8	10
A12	12	14	2	4	6	8	10	13	1	3	5	7	9	11
A13	13	1	3	5	7	9	11	14	2	4	6	8	10	12
A14	14	2	4	6	8	10	12	1	3	5	7	9	11	13

综上可见,比赛轮次编排实现了比赛对抗激烈程度的逐步增加,比赛球台的编排最大程度地利用了球台且连续两场比赛的球台不重复,保证了比赛的公平性。

3.2.3 研究小结

①运动员训练计划的安排充分利用了全国优秀女子青少年乒乓球运动员集训的空间资源和时间资源，体现了集训期"追求训练效率最大化"训练计划的组织理念。

②分组循环对抗赛是全国优秀女子青少年乒乓球运动员集训大循环赛的组织管理方法，"1号位不动逆时针轮转法"和"一组固定，另一组从尾到头轮转"分别是循环赛和对抗赛轮次的编排方法，轮次编排方法能够逐渐增加运动员之间对抗的激烈程度，保证了比赛的观赏性。"奇、偶轮流跳台"是球台的编排方法，该方法能够使运动员在分组循环对抗赛中最大限度地利用球台且连续两场比赛的球台不重复，保证了比赛的公平性。

3.3 我国优秀女子青少年乒乓球运动员集训期技战术诊断的特征

在《青少年体育"十二五"规划》中明确指出，在奥运项目竞技体育后备人才培养的长期发展规划中，以培养具有较高运动技术水平、全面发展的体育人才为主要任务[1]。乒乓球属于技能主导类隔网对抗性项群，技术和战术在乒乓球运动员竞技能力各决定因素中占决定性作用[2]，技战术训练是乒乓球训练实践的核心。诊断是训练活动的出发点，科学的诊断能为目标的建立和训练计划的制订提供重要依据[3]。因此，技战术诊断是我国优秀女子青少年乒乓球运动员集训期训练的重要组成部分，通过技战术诊断能够对训练过程进行有效控制，科学安排技战术训练，改进训练计划，从而提高技战术训练的质量。

---

[1] 青少年体育"十二五"规划 [EB/OL]. [2011-04-19]. http://www.sport.gov.cn/n321/n378/c566721/content.html.

[2] 田麦久, 麻雪田, 黄新河, 等. 项群训练理论及其应用 [J]. 体育科学, 1990 (6): 29-35.

[3] 李振彪, 吴焕群. 对国家乒乓球队奥运会女子双打队员技战术的科学诊断 [J]. 中国体育科技, 1989 (1): 15-18.

3.3.1 技战术诊断的方法

方法是规律的应用[1]。在我国优秀女子青少年乒乓球运动员集训期的运动员培养中，技战术诊断就是在把握乒乓球运动规律的基础上对运动员的技战术状态进行诊断。而乒乓球运动的规律源于教练员和科研人员在实践中总结经验、提出问题、发现问题、解决问题，不断摸索乒乓球运动的规律，正如哲学家卡尔·波普尔认为，尽管我们不能认知真理，但仍然可以通过不断地对已有理论的批判，通过在对不断产生的新问题解决中产生的猜测而逐渐逼近真理[2]。与此同时，竞技能力和竞技状态不断涌现出非线性、不确定性、无序性、多样性、动态性和不稳定性等复杂性[3]，决定了没有两场乒乓球比赛或者两节乒乓球训练课的技战术诊断结果是相同的，因此，试验和试错是乒乓球技战术诊断的根本方法，技战术诊断的过程充满了批判的精神。

3.3.1.1 判断运动员技战术状态的根据

辩证唯物主义认为，经验是在社会实践中产生的，是客观事物在人们头脑中的反映，是认识的开端，认识来源于经验[4]。技战术诊断就是根据研究人员的经验对运动员技术和战术状态作出判断。在乒乓球技战术诊断过程中，尤其是在比赛现场，每一个回合转瞬即逝，这就要求研究人员凭借自己的经验在短时间内做出判断，因此，研究人员的经验直接影响着技战术诊断的结果。

（1）经验是技战术诊断内容的重要依据

乒乓球技战术诊断主要包括技术诊断和战术诊断两个方面，决定技战术诊断的内在因素是乒乓球竞技要素和制胜因素的有机组合（图3-5）。组成竞技要素的速度、力量、旋转、落点和弧线是乒乓球技术的五要素，这五个要素虽然可以通过相应的物理学方法进行精确测量，但是现在还没有相应的科学技术设备能够在瞬息万变的比赛现场进行相关的测量，依然还得依靠研究人员的经验进行判

---

[1] 张俊伟. 极简管理 [M]. 北京：机械工业出版社，2013.
[2] 转引自：鲍克伟. 历史视域中的批判理性主义 [J]. 石河子大学学报（哲学社会科学版），2005，19（3）：23-26.
[3] 李少丹. 论竞技状态复杂性 [J]. 北京体育大学学报，2009，32（6）：11-14.
[4] 转引自：冯友兰. 三松堂自序 [M]. 北京：人民出版社，2008.

断。与此同时，构成制胜因素的快、准、狠、变、转五个因素属于心理和战术范畴，是主观的感知，是在五个物理的竞技要素的经验基础上抽象成的概念[1]，对于运动员在比赛场上五个制胜因素的判断更需要研究人员经验的判断。由此可见，在乒乓球技战术诊断过程中，竞技要素和制胜要素都是非常抽象的概念，这就决定了研究者的经验是乒乓球技战术诊断内容的重要依据。

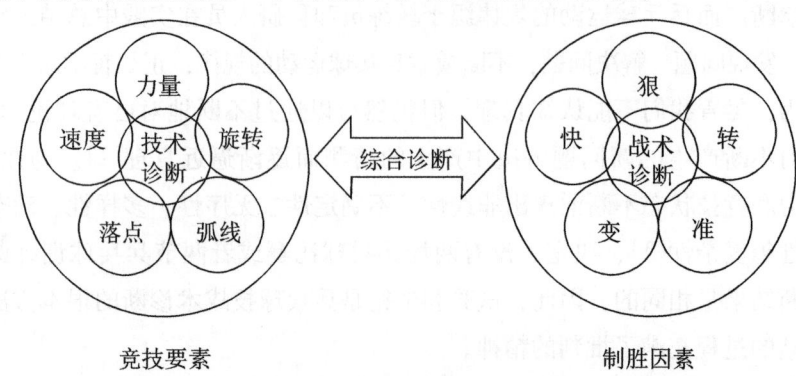

竞技要素　　　　　　　　　　　制胜因素

图 3-5　乒乓球技战术诊断的内在因素（依张晓蓬 2004 改制）

与此同时，由于不同的研究人员对乒乓球竞技要素和制胜因素的认识存在差异，以及同一研究人员经验的不稳定性，在一定程度上会造成技战术诊断结果的差异和不稳定。比如，以 2012 年伦敦奥运会乒乓球女单决赛李晓霞对丁宁的第一局为例，运用乒乓球三段统计表（表 3-36），让武汉体育学院 2012 级乒乓球专项班的 10 名学生统计李晓霞在该局中进入相持阶段"主动""相持""被动"三种竞赛状态的次数。该测试进行两次，在第一次测试中，比赛录像不间断地播放，随着比赛的进行，学生对数据进行统计，这就要求学生要快速做出判断。第一次测试七天后，在播放录像的过程中，根据学生的要求反复看比赛录像，直到所有学生确认自己的统计结果为止。在两次测试中要求所有学生不能进行交流，必须独立完成数据统计，两次测试的结果如表 3-37 所示。

---

[1] 吴焕群. 中国乒乓训练原理研究 [J]. 北京体育大学学报, 2004, 27 (2): 145-154.

表3-36 乒乓球三段统计表[1]

技术		第一局	第二局	第三局	第四局	第五局	第六局	第七局	合计	
									得	失
发球										
发球抢攻										
发球后控制										
发球被攻										
接发球										
接发球被攻										
接发球抢攻										
接球后抢攻										
接球后控制										
主动	正手									
	反手									
	侧身									
相持	正手									
	反手									
	侧身									
被动	正手									
	反手									
	中路									
比分										

从表3-37可以看出，在10名学生统计的10个相持球中，第一次测试有6个球的统计结果10个人完全相同，10个人统一程度最低的是第8个相持球，只有50%。第二次测试有7个球的统计结果10人完全相同，10个人统一程度最低的依然是第8个相持球，只有70%。由此可见，这10名学生对相持阶段运动员三个竞赛状态的判断存在差异。对比两次测试结果可见，第一次统一程度为

---

[1] 张晓蓬. 中国乒乓球队战术训练水平定量诊断方法及实践效用 [D]. 北京：北京体育大学，2004：13.

100%的第二次统一程度也是100%，可见学生的经验具有一定的稳定性，但是第一次统一程度不是100%的在第二次测试中都有着不同程度的提高，其中第4个球的统计结果统一程度达到了100%，说明多次反复确认和快速判断的结果存在差异，而且通过多次反复确认的结果可信度更高，但是依然存在差异。

表 3-37 李晓霞对丁宁第一局相持阶段竞赛状态分类统计

序号	第一次测试				第二次测试			
	主动	相持	被动	统一程度/%	主动	相持	被动	统一程度/%
1			10	100			10	100
2		6	4	60		8	2	80
3	2	8		80	1	9		90
4	9		1	90	10			100
5	10			100	10			100
6			10	100			10	100
7	10			100	10			100
8		5	5	50		3	7	70
9			10	100			10	100
10	10			100	10			100

（2）经验是技战术诊断方法的重要依据

乒乓球技战术诊断主要包括定性诊断和定量诊断两种研究方法，科学的诊断结果一般是由定性诊断和定量诊断有机构成的。定性诊断主要依靠研究者对乒乓球技战术的理解以及对乒乓球比赛的阅读能力，这是由研究者的经验决定的；定量诊断中的数学统计方法虽然有助于准确描述技战术的特征，但是其结果依赖于研究者的经验判断，比如对技术使用性质和质量关键环节的界定主要依靠研究者的经验，在分段效果统计中（表3-38），要正确判断运动员使用的技术种类，然后对技术质量的"好、中、差"进行判断，这些都需要研究者具有丰富的经验才能做出正确的判断。

表 3-38　分段效果统计表

技术	好		中		差		使用率/%	
	正手	反手	正手	反手	正手	反手	正手	反手
攻								
拉								
搓								
摆								
挑								
削								
被攻								

综上可见，观察和理性直观虽然在乒乓球技战术诊断中发挥着重要的作用，但是通过它们并不能完全反映运动员的技战术特点，由于经验的差异，不同的研究者对同一运动员同一场比赛的技战术诊断必然存在差异，反映了不同经验背景下对运动员技战术特点的不同认识。因此，经验是技战术诊断内容和方法的重要依据，是判断运动员技战术状态的主要根据。技战术诊断结果的科学性不在于其可证实性，而在于它具有可被经验证伪的可能性，因此在同一个技战术诊断中，我可能错，你可能对，结果是我们都更加接近了真理[1]。

3.3.1.2　乒乓球技战术问题诊断的运用

1996年亚特兰大奥运会中国包揽乒乓球全部金牌，教练组连续开了半个月的总结会，着重找问题；徐寅生同志经常深入省市和基层去看训练，从源头抓起，及时发现问题，给基层教练员讲课。这些鲜活的事例说明，"找问题""发现问题"是中国乒乓球队优秀的传统。科学只能从问题开始[2]，乒乓球技战术诊断也是从问题开始的，这里的问题包括两个方面的内容，一种是显性问题，另一种是隐性问题。

显性问题主要是指运动员在训练或比赛中技战术存在的问题。

案例一：2010年，在全国优秀女子青少年乒乓球运动员夏训中，教练组提

---

[1] 马克·诺图洛. 波普——最伟大的思想家 [M]. 官睿, 译. 北京：中华书局, 2003：2.
[2] 波普尔. 猜想与反驳 [M]. 傅季重, 纪树立, 周昌忠, 等, 译. 上海：上海译文出版社, 1986.

出"如何提高攻球打法对削球打法训练计划安排的针对性"的问题，在夏训的对抗赛中对重点攻球运动员对付削球打法的技战术进行诊断，攻球选手存在的主要问题如下：①杀半高球时对旋转判断不准，失误率较高，比如赵岩对胡丽梅的第一局和第二局，赵岩分别以9:11和8:11失利，在两局的11个失分中，赵岩分别有5个和4个是杀半高球失误，失误率接近50%。②正手拉球节奏变化能力欠缺，比如赵岩的正手拉球基本上都是上升期或是高点期击球，而且大部分都是前冲球，缺乏放慢节奏拉下降期的球。易芳贤恰恰相反，主要以拉下降期为主，拉上升期和高点期的能力薄弱，因此正手的杀伤力欠缺。③攻球选手往往接短球的能力强，但是削球选手经常发长球偷袭攻球选手，攻球选手在处理长球时失误较多。④当削球选手采用搏杀战术连续进攻时，攻球选手普遍表现出思想准备不足，在被动防守的情况下思想出现保守，技术产生变形，从而导致失误增加。与此同时，通过技战术诊断也发现了攻球对付削球打法的有效技战术如下：①朱雨玲的正手侧旋拉球技术，可以避开下旋的最强旋转部位，不仅增加拉球的命中率，而且利用侧旋球落台后侧拐的特点增加了对手回接的难度，再通过轻重结合、冲调结合，这样可以在保证准确性的前提下最大限度地提高拉球的威胁性。为安排攻球打法对削球打法的训练计划提供科学依据。②压中间打两边的战术对付削球打法比较奏效，比如盛丹丹和朱雨玲两名运动员之所以对付削球打法的胜率较高，主要原因是她们比较善于运用压中间打两边的战术。这些研究结果为教练员安排攻对削的训练计划奠定了理论基础。

案例二：2011年在全国优秀女子青少年乒乓球运动员冬训前，教练组提出"运动员在发球抢攻中，是以抢攻下旋还是以上旋为主"的问题，并在比赛中对重点运动员发球抢攻进行研究。

从表3-39可以看出，在张蔷在对沈姝琳、左璐、兰曦的三场比赛中，第三板抢攻下旋的平均比例为69.2%，其中对左璐的比例最高为75%，对兰曦的比例最低为62.5%。

表3-39 张蔷第三板抢攻下旋和上旋的比率 单位:%

对手	抢攻下旋比率	抢攻上旋比率
沈姝琳	70.0	30.0
左璐	75.0	25.0

续表

对手	抢攻下旋比率	抢攻上旋比率
兰曦	62.5	37.5
平均值	69.2	30.8

从表 3-40 可以看出，在刘曦对祖帅的五局比赛中，第三板抢攻下旋的平均比例为 65.6%，其中第三局的比例最高为 77.8%。

表 3-40　刘曦对祖帅第三板抢攻下旋和上旋的比率　　　　单位：%

局	抢攻下旋比率	抢攻上旋比率
第 1 局	68.0	32.0
第 2 局	72.0	28.0
第 3 局	77.8	22.2
第 4 局	39.5	60.5
第 5 局	70.5	29.5
平均值	65.6	34.4

从表 3-41 可以看出，在姚俊羽对顾若辰的五局比赛中，第三板抢攻下旋的平均比例为 56.4%，其中第一局的比例最高为 66.7%。

表 3-41　姚俊羽对顾若辰第三板抢攻下旋和上旋的比率　　　　单位：%

局	抢攻下旋比率	抢攻上旋比率
第 1 局	66.7	33.3
第 2 局	45.5	54.5
第 3 局	57.1	42.9
第 4 局	62.5	37.5
第 5 局	50.0	50.0
平均值	56.4	43.6

从表 3-42 可以看出，在易芳贤对顾若辰的四局比赛中，第三板抢攻下旋的平均比例为 72.7%，其中第一局的比例最高为 85.7%。

表3-42 易芳贤对顾若辰第三板抢攻下旋和上旋的比率　　　　　　单位:%

局	抢攻下旋比率	抢攻上旋比率
第1局	85.7	14.3
第2局	50.0	50.0
第3局	80.0	20.0
第4局	75.0	25.0
平均值	72.7	27.3

综上可见，除了个别局以外，在整场比赛的第三板抢攻下旋球比率全部都大于50%，甚至个别局抢攻下旋的比率高达80%以上，反映出运动员为了避免对手接发球直接抢攻，发球主要以下旋不出台控制对手为主，直接导致第三板抢攻以对付下旋球为主，这一研究成果与教练员的经验相吻合，对集训训练计划的安排提供了理论依据。

隐性问题主要是指在技战术诊断方法中存在的问题。

案例一：在乒乓球技战术诊断方法的相关研究中，科研人员在原有三段统计表（表3-36）的基础上，提出"如何改进原有三段统计表能够最大限度地避免不同科研人员经验的差异，实现多名科研人员运用相同三段统计表对同一比赛进行统计得出完全相同的结果"的问题。

为了最大限度地避免科研人员之间经验的差异，同时又要最大限度地反映乒乓球技战术的特点，设计出了新的乒乓球三段统计表，如表3-43所示。

表3-43 改进后的乒乓球三段统计表

局数	1 发球				3 发抢				2 接发球				4 接抢				5 相持				比分
	正手		反手		正手		反手		正手		反手		正手		反手		正手		反手		
	得	失	得	失	得	失	得	失	得	失	得	失	得	失	得	失	得	失	得	失	
一																					
二																					
三																					

从表3-43可以看出，在改进后的乒乓球三段统计表中，明确了三段统计法[1]三个阶段的统计内容：①发球抢攻段，包括第1板发球和第3板发抢；②接发球抢攻，包括第2板接发球和第4板接抢；③相持段，包括第5板及以后各板。在三个阶段中，变过去诸如被动、主动、相持等容易产生歧义的统计内容，改为概念明确的正手和反手技术的得、失情况，而正手和反手对乒乓球诸多技术具有全面的概括性，在此基础上，科研人员可以根据实际需要将正手和反手的技术进一步细化分类。

运用改进后的乒乓球三段统计表，让武汉体育学院2012级乒乓球专项班的10名学生对2012年伦敦奥运会乒乓球女单决赛李晓霞对丁宁的比赛进行技战术统计，其结果10名学生完全相同，同时10名学生一致反映在使用改进后的三段统计表时对某一项数据的统计不会产生模棱两可的感觉。由此可见，通过这样的改进，实现了多名科研人员对同一场比赛进行三段统计其结果能够完全统一的初衷。

案例二：2008年，在全国优秀女子青少年乒乓球运动员冬训中，由于原有的三段统计表格只能获取一名运动员的数据，但是在比赛后双方教练都希望能够了解各自运动员的三段统计数据，因此，科研人员就提出"如何能够实现同时获取双方运动员的三段统计数据"的问题。

三段评估理论是三段统计数据的理论基础，在三段统计中，发抢、接抢和相持三个阶段都是由不同的板数组成的，并且这些击球板数的发生时间具有先后顺序的特点，依照这一特点制订了相应的统计表格，如图3-6所示。

图3-6 三段评估理论结构（依张晓蓬2004改制）

由于比赛运动员每一板的得、失都与对手上一板或者下一板的得、失有必然联系，根据这种联系，制作直接被试者的基本统计内容表格（表3-43）。这个表

---

[1] 吴焕群. 乒乓球比赛中实力评估与技术诊断的方法及其应用效果 [J]. 国家体委体育科学研究所学报，1989（2）.

格包括两个方面：①意外球，通过排除意外因素的干扰，提高三段法对技战术诊断的准确性，与此同时，利用意外球的统计可以实现直接被试者与对手相关统计数据之间的联系（表3-44）；②与三段法相关的统计内容包括直接被试者发球时的第一板、第三板、第五板和第七板以后，还有直接被试者接发球时的第二板、第四板、第六板和第八板以后。

表3-44　同时获取双方运动员三段统计数据的基本统计内容

第一板	第三板	第五板	第七板以后	第二板	第四板	第六板	第八板以后

意外球	擦网		擦边		没接发球		接发球		发球		犯规		其他	
	得	失	得	失	得	失	得	失	得	失	得	失	得	失

从表3-45可以看出，根据直接被试者三段法相关统计数据就可以完成对手三段法相关统计数据，也就是说，通过一次数据统计能够实现同时获取双方运动员的三段统计数据。

表3-45　直接被试者与对手三段法相关数据的关系

对手三段法相关统计数据	直接被试者三段法相关统计数据
第一板得分	第二板失分
第一板失分	"没接发球"得分（意外球）
第三板得分	第四板失分
第三板失分	第二板得分
第五板得分	第六板失分+"第八板以后"失分
第五板失分	第四板得分+第六板得分+"第八板以后"得分
第二板得分	第三板失分
第二板失分	第一板得分
第四板得分	第五板失分
第四板失分	第三板得分
第六板得分	"第七板以后"失分
第六板失分	第五板得分+"第七板以后"得分

综上案例可以看出，问题是技战术诊断发展的源泉和动力，技战术诊断就是不断发现问题、解决问题的过程。

3.3.1.3 乒乓球技战术诊断的试错方法

在技战术诊断实践中存在两个不可回避的矛盾，一个是教练员经验和科研人员经验之间的矛盾，这个矛盾体现了不同个体之间经验的差异；另一个是训练或比赛中运动员的表现与已有技战术诊断结果之间的矛盾，这个矛盾体现了理论与实践之间的差异。在乒乓球技战术诊断过程中，正是教练员和科研人员不断深入分析这两个矛盾所产生的冲突才碰撞出技战术诊断的问题，并通过对已有技战术诊断结果的批判、对不断涌现出的新问题进行解决而逐渐逼近运动员技战术的本质。因此，在乒乓球技战术诊断中没有所谓的科学方法，试错才是乒乓球技战术诊断的根本方法。

在我国优秀女子青少年乒乓球运动员集训期的技战术诊断中，从提出问题到解决问题，根据技战术诊断的两个矛盾，围绕训练和比赛形成了完整的试错方法体系（图3-7）。

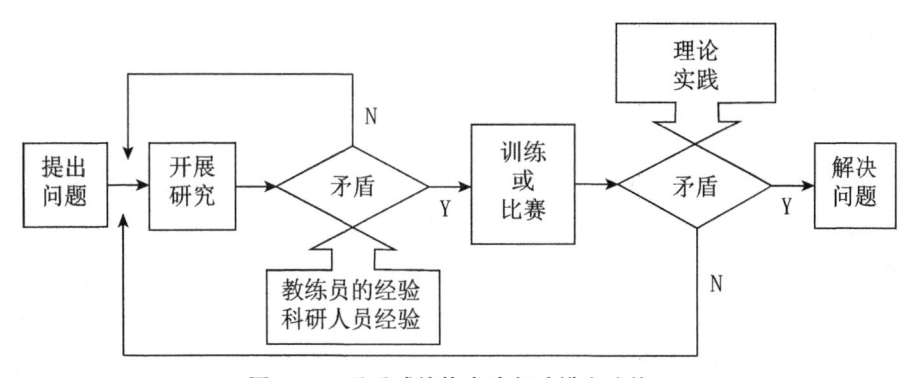

图 3-7　乒乓球技战术诊断试错方法体系

从图3-7可以看出，在提出问题以后，由于运动员技战术状态的复杂性和技战术诊断结果的不可预测性，技战术诊断的最终目的只能是解决问题。在开展研究的过程中，教练员往往依靠自身的经验凭借观察和理性直观进行研究，而科研人员往往依靠自身的经验凭借定量和定性的方法进行研究，当教练员和科研人员研究的结果相符时，研究成果就可以直接指导运动员训练或者比赛，但是当教练员和科研人员研究结果不相符时，就得回到提出的问题重新进行研究，直到教练员和科研人员研究结果相符为止。当研究成果正式应用于运动员训练或比赛以后,相关研究还在继续,当研究结果与前期研究结果相符时会将问题解决,但是不相符时又得回到提出的问题进行再研究,直到相关研究通过训练或者比赛检验为止。

由此可见,乒乓球技战术诊断是建立在集思广益、严密组织、科学分析和不断检验的基础上的。从提出问题到解决问题的试错方法体系构成了我国优秀女子青少年乒乓球运动员集训的技战术诊断范式,在这个体系中,存在两个矛盾,一个是教练员的经验和科研人员经验之间的矛盾,另一个是理论和实践的矛盾,只有解决了这两个矛盾,提出的问题才算根本解决。

3.3.2 技战术诊断的工具

工具的核心是人的思维和操作的一体化,乒乓球技战术诊断的工具也是集思维和操作的一体化,思维是研究人员对已有知识经验的应用和对外界信息处理的过程,操作是按照乒乓球运动的基本规律、乒乓球技战术诊断的规范和要求制订详细的研究设计并具体实施的过程,这两个过程的融合构成了乒乓球技战术诊断工具的完整系统。

3.3.2.1 乒乓球技战术诊断的思维哲学

"中国乒乓球队得了亚军就是失败",这个观点不仅国乒的教练员和运动员认可,而且观众也普遍这样认为。比如2010年我国乒乓球女子一队在莫斯科世锦赛不敌新加坡队获得团体亚军,同年12月我国乒乓球女子二队在斯洛伐克世界青少年锦标赛上被日本队战胜获得团体第二,这两次在决赛中的失利受到来自队内和社会的众多压力和质疑。对比赛成绩如此苛刻,世界上恐怕没有第二支球队能与中国乒乓球队相比了。因此,比赛成绩是检验乒乓球技战术诊断成果的最终标准。可见乒乓球技战术诊断结果只是对运动员训练或比赛的假定总结,是一种工具,技战术诊断是否有价值取决于是否能使运动员在比赛中,尤其是在重大比赛中取得成功。

在我国优秀女子青少年乒乓球运动员集训期的技战术诊断中,无论是教练员还是科研人员,作为思维的主体,思维活动强调的是实用性即技战术诊断的成果能否提高运动员的技战术水平,并接受比赛的检验,因此技战术诊断的成果要忠于比赛成绩这一事实。以此为前提，在技战术诊断过程中教练员和科研人员还非常强调经验的重要性，虽然运动员的意志受到教练员、科研人员等外界的影响，但是在复杂多变的训练或比赛中，技战术的应用具有随机性和不可知性，运动员只能按照自己的意志利用环境使训练或比赛发生有利于自己的变化，以提高自己的技战术水平或比赛成绩，技战术诊断的信息处理属于现场取向，决定了教练员和科研人员对于技战术诊断的结果具有不可控性，教练员和科研人员根据自身经验对运动员技战术诊断结果的解释，完全取决于运动员训练或比赛检验的效果。比如，在乒乓球三段统计中，只对一个回合中最后决定胜负的那一板球的性质进行统计，并形成技战术诊断数据，可见该回合最后一板球的胜负对教练员和科研人员的技战术诊断具有非常强的导向作用，促使比赛结果成为影响教练员和科研人员技战术诊断思维方式的决定性因素。在训练或比赛检验以后，教练员和科研人员通过不断总结经验形成了相应的技战术诊断理论，并进一步指导技战术诊断实践，同时已形成的技战术诊断理论并不是静态的，而是动态的，如果对于解决问题有用，这个理论就能够被认可，如果解决不了问题，就要加以适当调整。

在乒乓球技战术诊断中，诊断过程从实战出发，诊断结果以比赛成绩为标准。比赛检验是获得正确认识的前提[1]，体现了技战术诊断讲究实际功效的特性，突出地反映了实用主义渗透在技战术诊断的整个过程中和教练员、科研人员的思维方式中。

3.3.2.2 乒乓球技战术诊断的具体操作

在2008年至2012年全国优秀女子青少年乒乓球运动员集训中，只有一名科研人员开展科研工作，而且每次科研工作一般要持续数天甚至数十天的时间，需要统计和计算的数据非常多。根据科研工作的这一特点，为了提高工作效率，保证科研结果的质量，科研人员提出了技战术集中突破定量诊断方法，所谓的"集中"是指诊断对象的针对性强、诊断的目的性强，所谓"突破"是指在尽可能短的时间内，一般不超过一次封闭训练，解决提出的问题或者初步提出解决问题的方案。

乒乓球技战术集中突破定量诊断的实施是缜密而有序的过程，而诊断技术手

---

[1] 唐建军. 中国乒乓球技术体系建构的科学认识及其操作过程 [J]. 体育科学，2001，21 (6)：38-40.

段的每一个环节又是定量诊断成功与否的重要保障。因此，每一个技术手段又支撑着各个诊断环节的科学进行。在技战术集中突破定量诊断的整个操作过程中，技战术诊断的核心是"人"，因此定量诊断必须从对诊断对象的调查分析和与诊断对象的交流互动开始，并对诊断前期、诊断中期和诊断后期三个阶段的信息流通过一定的技术手段进行科学合理的控制，其具体操作过程如图3-8所示。

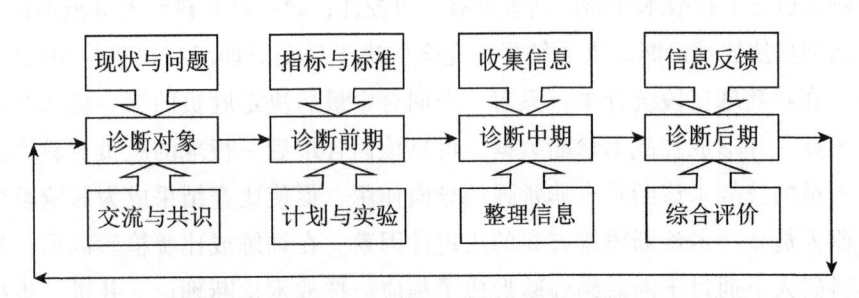

图3-8 对诊断对象集中突破定量诊断的操作过程

从图3-8可以看出，对于一名在每年仅有2~3次接触集训队运动员的科研人员而言，面对诊断对象，科研人员和教练员、运动员之间的了解与交流是顺利完成定量诊断的前提条件。科研人员要向教练员了解运动员的生理、心理、技战术等各方面的现状，并积极与运动员进行友好的交流，消除彼此之间的陌生感，尤其是运动员对科研人员的排斥心理，让运动员了解技战术诊断的重要意义，这样可以使运动员表现出正常的生理、心理、技战术特点，有利于定量诊断分析的客观性。

在对诊断对象进行全面、细致的了解和沟通的基础上，根据集训的训练计划与技战术诊断的要求，制订相应的技战术诊断计划。比如，在2008年全国优秀女子青少年乒乓球运动员冬训的技战术诊断中，根据冬训计划，技战术诊断工作分为摸底比赛、技战术训练、第二次循环比赛三个阶段，技战术诊断计划如表3-46所示。

表3-46 2008年全国优秀女子青少年乒乓球运动员冬训的技战术诊断计划

阶段	目的	主要工作
摸底比赛	发现问题	①制订比赛计划 ②选择统计工具并设计技战术统计方案

续表

阶段	目的	主要工作
		③数据的统计与录入
		④诊断报告并向教练组汇报并进行分析讨论
		⑤与运动员讨论诊断结果
技战术训练	解决问题	①制订训练计划
		②训练目标针对性评估
		③选择统计工具并设计技战术统计方案
		④数据的统计与录入
		⑤训练过程的技战术与心理干预
		⑥诊断报告并向教练组汇报并进行分析讨论
		⑦与运动员讨论诊断结果
第二次循环比赛	检验结果	①制订比赛计划
		②运动员状态估计
		③统计工具和技战术统计方案的改进
		④数据的统计与录入
		⑤收集与目标相关和同期性资料
		⑥两次比赛诊断结果的对比分析
		⑦诊断报告并向教练组汇报并进行分析讨论
		⑧对所有诊断结果进行总结并与运动员讨论

在选择统计工具和设计技战术统计方案中，关键工作是诊断指标体系、诊断标准和统计表格的建立。如果是不成熟的统计工具或技战术统计方案，在正式开展技战术诊断前还要进行必要的实验，对统计工具或技战术统计方案进行适当的改进，并熟练掌握统计工具或技战术统计方案以保证技战术诊断工作的顺利开展。

在2008年全国优秀女子青少年乒乓球运动员冬训的技战术诊断中，统计工具是根据诊断指标体系和诊断标准构成的Excel统计表格。技战术训练的统计方案是依据冬训训练计划内容，把相关的Excel统计表格有机组合（图3-9）。

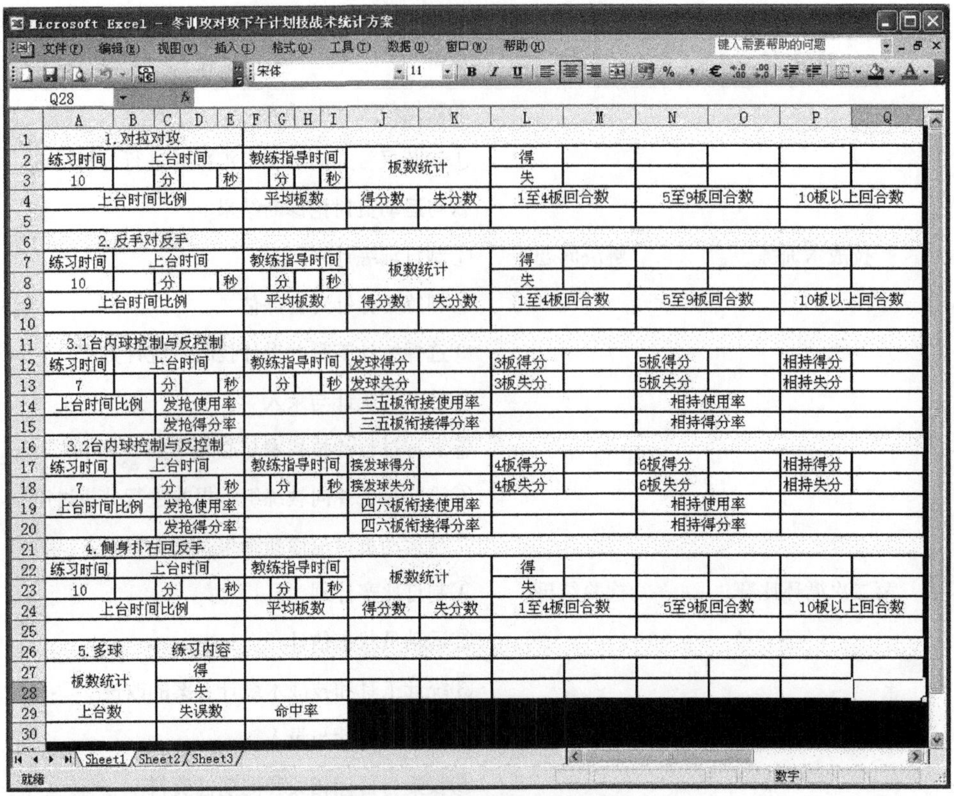

图 3-9　2008 年冬训攻对攻计划技战术统计方案

在图 3-9 技战术训练的统计方案中，包括计划的内容、统计表格及统计指标、评价参数及结果，利用 Excel 的计算功能将数据采集的过程和统计结果输出融为一体。

在 2008 年全国优秀女子青少年乒乓球运动员冬训比赛的技战术诊断中，统计工具和技战术统计方案也应用了以 Excel 软件为基础的技战术统计表格（图 3-10）。

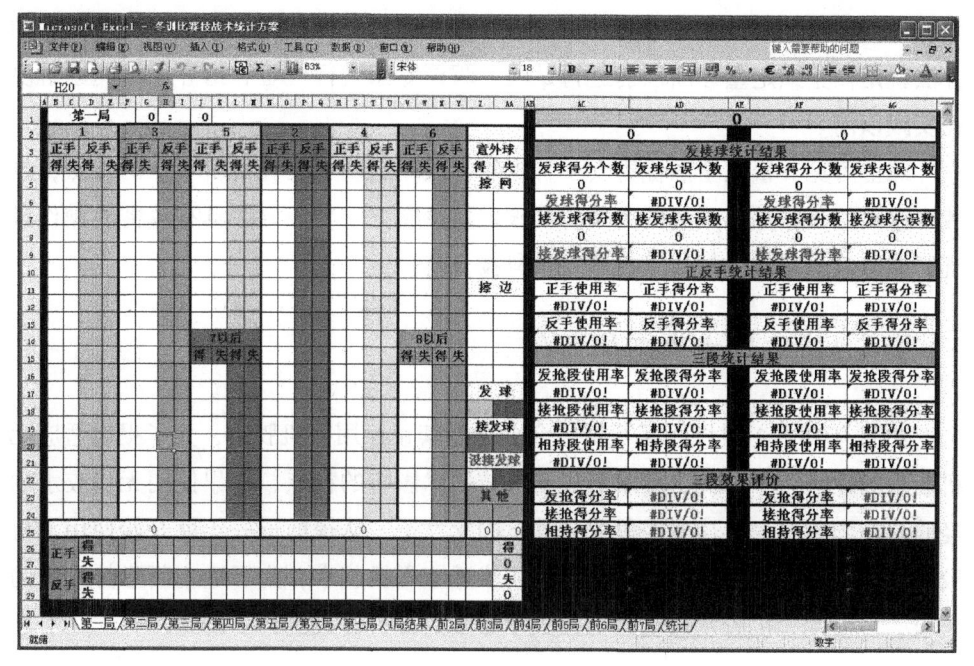

图 3-10　2008 年冬训比赛技战术统计方案

图 3-10 的比赛技战术统计方案，是以图 3-6 和表 3-45 为理论基础，根据表 3-44 设计技战术统计方案，利用 Excel 的计算功能，在统计直接被试者数据的同时，也满足教练员对直接被试者对手数据的需要，并且把三段数据录入表（图 3-10 左）和数据报表（图 3-10 右）设计在同一个界面上，在数据录入的同时显示数据统计结果，便于教练员随时了解运动员技战术统计数据。

在 2008 年全国优秀女子青少年乒乓球运动员冬训技战术诊断选择统计工具和设计技战术统计方案的过程中，充分利用了 Excel 软件操作方便、计算功能强大的特点，将数据录入和结果输出同步化，提高了技战术统计和数据汇总整理的效率，能够在训练或比赛的同时，同步向教练员和运动员反馈信息。

依据统计的数据进行技战术的综合诊断和评价，这一环节的主要内容包括定量诊断结果的分析、撰写定量诊断报告、定量诊断方法的评价。在综合诊断和评价的过程中，参与人员主要包括测试者、受试者和教练组，如果有条件还应该聘请除这三者以外的专家学者对定量诊断的结果就其科学性进行鉴定。如果综合诊断结果符合要求则继续付诸实践，反之，则应检查问题的关键所在并进行改进，主要问题一般发生在定量诊断的标准、定量诊断的入手角度、测量的工具、技战术统计方案或测试者的专业知识、经验等方面。为了在实践中少走弯路,最好的办法就是在正式定量诊断以前进行试验,聘请专家进行检验和指导,把问题解决在实践以前。

综上可见,根据全国优秀女子青少年乒乓球运动员集训科研工作的特点,技战术诊断的具体操作采用的是集中突破定量诊断方法,该方法具有缜密的操作过程,能够为运动员的技战术诊断提供科技支持。

3.3.3 技战术诊断的评价

2008年9月1日国际乒乓球联合会全面禁止使用有机胶水,为了提前适应无机胶水的性能,了解无机胶水对运动员技战术影响的特点,积累使用无机胶水的经验,在国际青少年比赛中争取主动,国家女子二队提前近一年就开始使用无机胶水。经过一年的使用,运动员已经初步适应无机胶水,为了适应新形势发展的要求,对使用无机胶水后运动员技战术诊断的评价标准进行了研究。

3.3.3.1 比赛战术诊断的评价

在2009年全国优秀女子青少年乒乓球运动员冬训和夏训中,根据国家乒乓球女子二子队教练组的要求,对国家乒乓球女子二队队员在大循环比赛中的68场有针对性的比赛进行了技战术统计,并对所得数据运用SPSS单样本K-S检验法进行检验,相伴概率$p>0.05$,可见比赛技战术统计数据服从正态分布。

在表3-47中,依据"制胜"原则,对68场比赛取胜一方运动员发抢段、接抢段、相持段的得分率和使用率进行了统计,并运用离差法对统计结果进行分级处理,具体要求是:50%以上达到优秀,70%以上达到良好,75%以上达到及格。

表3-47 全国优秀女子青少年乒乓球运动员集训三段统计数据处理 ($n=68$)

单位:%

算法	发抢段		接抢段		相持段	
	使用率	得分率	使用率	得分率	使用率	得分率
$\bar{x}$	29.5	68.6	34.7	56.2	35.7	55.8
s	8.5	15.6	7.9	14.6	12.2	16.2

续表

算法	发抢段		接抢段		相持段	
	使用率	得分率	使用率	得分率	使用率	得分率
$\bar{x}-0.52s$	25.1	60.5	30.6	48.6	29.4	47.4
$\bar{x}-0.67s$	23.8	58.1	29.4	46.4	27.5	44.9

以表3-47统计数据为基础,根据国家乒乓球女子二队运动员一年多使用无机胶水的经验总结,并结合以往技战术诊断的研究成果,教练员和科研人员对三段得分率的分级结果进行适当调整,与此同时,使用率按照平均值正负5个百分点制订,最后制订出无机胶水使用后我国优秀女子青少年乒乓球运动员比赛的战术诊断标准(表3-48)。

表 3-48 我国优秀女子青少年乒乓球运动员比赛的战术诊断标准

单位:%

等级	发抢段		接抢段		相持段	
	使用率	得分率	使用率	得分率	使用率	得分率
优秀		70		56		59
良好	30±5	64	35±5	50	35±5	53
及格		58		46		47

3.3.3.2 技战术训练效果评价

在2009年全国优秀女子青少年乒乓球运动员冬训第一次分组循环比赛结束的分组训练中,对国家乒乓球女子二队队员陈梦(攻球打法)连续一周的训练进行技战术统计。在各组升降级比赛以后,又对武扬(削球打法)连续一周的训练进行技战术统计。在两次分组训练中,陈梦和武扬都在水平最高的一组进行训练,运动员之间的水平比较接近,这样就保证了技战术训练的对抗强度。

技战术训练效果各类数据统计之后,对所得数据运用SPSS单样本K-S检验法进行检验,相伴概率$p>0.05$,可见技战术训练效果各类统计数据服从正态分布。

（1）上台时间比率的评价

上台时间比率是运动员实际练习时间与练习总时间的比率，一方面能够反映运动员练习的效率，另一方面能够反映运动员练习的积极性。国家乒乓球女子二队教练组为了提高训练效率，要求运动员在训练中要跑步捡球，就是为了缩短训练中运动员捡球的时间，提高训练的上台时间比率。

表3-49是陈梦、武扬分别对攻球打法单球训练上台时间比率的统计。由于这两名运动员都是队内主力，在训练中教练员现场指导比较频繁，指导时间相对较长，在上台时间比率计算的练习总时间减去了教练员指导的时间，这样计算出的上台时间比率更加客观，其结果运用离差法进行分级处理，具体要求是：30%以上达到优秀，50%以上达到良好，70%以上达到及格。

表3-49　2009年全国优秀女子青少年乒乓球运动员冬训单球训练上台时间比率

单位:%

算法	攻对攻		攻对削	
	技术训练	战术训练	技术训练	战术训练
$\bar{x}$	46.2	38.9	52.7	40.0
s	9.6	18.6	7.0	12.5
$\bar{x}-0.52s$	41.2	29.2	49.1	33.5
$\bar{x}+0.52s$	51.2	48.6	56.3	46.5

在表3-49统计数据的基础上，国家乒乓球女子二队教练组对数据进行了适当的调整，制订出我国优秀女子青少年乒乓球运动员单球技战术训练上台时间比率诊断标准（表3-50）。

表3-50　我国优秀女子青少年乒乓球运动员单球技战术训练上台时间比率诊断标准

单位:%

等级	攻对攻		攻对削	
	技术训练	战术训练	技术训练	战术训练
优秀	51	45	56	47
良好	46	39	53	40

续表

等级	攻对攻		攻对削	
	技术训练	战术训练	技术训练	战术训练
及格	40	29	49	33

（2）平均击球板数的评价

平均击球板数是运动员在训练中所有回合击球板数的平均数，反映了运动员训练的密度。为了较好地反映该指标的质量，国家乒乓球女子二队教练组对运动员训练的击球质量提出要求，要求运动员训练从实战出发，避免懈怠训练的现象出现。在训练现场主教练员包括主管教练经常观看和指导被统计运动员的训练，最大限度地保证了运动员击球的质量。

表 3-51 是陈梦、武扬分别对攻球打法单球训练平均击球板数的统计，其结果运用离差法进行分级处理，具体要求是：30%以上达到优秀，50%以上达到良好，70%以上达到及格。

表 3-51 2009 年全国优秀女子青少年乒乓球运动员冬训单球训练平均击球板数

单位：个

算法	攻对攻		攻对削	
	技术训练	战术训练	技术训练	战术训练
$\bar{x}$	5.8	2.7	10.4	5.5
s	6.8	1.3	8.1	3.7
$\bar{x}-0.52s$	2.3	2.0	6.2	3.6
$\bar{x}+0.52s$	9.3	3.4	14.6	7.4

在表 3-51 统计数据的基础上，国家乒乓球女子二队教练组对数据进行了适当的调整，制订出我国乒乓球优秀女子青少年单球技战术训练平均击球板数诊断标准（表 3-52）。

表 3-52　我国优秀女子青少年乒乓球运动员单球技战术训练平均击球板数诊断标准

单位：个

等级	攻对攻 技术训练	攻对攻 战术训练	攻对削 技术训练	攻对削 战术训练
优秀	9	5	15	7
良好	6	3	10	5
及格	3	2	6	3

（3）多球命中率的评价

在陈梦和武扬为期一周的多球练习中，都是由国家队教练或者省市队教练喂球的，因此喂球的质量得到了较好的保证。

表 3-53 是陈梦、武扬在多球训练中命中率的统计，其结果运用离差法进行分级处理，具体要求是：40%以上达到优秀，50%以上达到良好，60%以上达到及格。

表 3-53　2009年全国优秀女子青少年乒乓球运动员冬训多球训练命中率

单位：%

算法	攻球命中率	削球命中率
$\bar{x}$	82.6	84.5
s	6.0	4.8
$\bar{x}+0.25s$	84.1	85.7
$\bar{x}-0.25s$	81.1	83.3

在表 3-53 统计数据的基础上，根据教练员的经验，国家乒乓球女子二队教练组对数据进行了适当的调整，制订出我国优秀女子青少年乒乓球运动员多球训练命中率的诊断标准（表 3-54）。

表 3-54　我国优秀女子青少年乒乓球运动员多球训练命中率诊断标准

单位：%

等级	攻球命中率	削球命中率
优秀	84	85

续表

等级	攻球命中率	削球命中率
良好	82	83
及格	80	80

综上可见，我国优秀女子青少年乒乓球运动员集训期的技战术诊断评价标准有机结合了科研人员的定量研究和教练员的经验，体现了运动员在使用无机胶水中比赛战术诊断评价标准和技战术训练效果评价标准的特征。同时，技战术诊断评价标准是动态的，可以根据实际情况加以调整。

3.3.4 研究小结

①在乒乓球技战术诊断方法体系中，问题是技战术诊断的开端，研究人员的经验是判断运动员技战术状态的主要根据，试错是技战术诊断的根本方法。

②乒乓球技战术诊断的工具是集思维和操作的一体化，思维体现出实用主义的特点，操作采用的是集中突破定量诊断方法。

③我国优秀女子青少年乒乓球运动员集训期的技战术诊断评价标准是使用无机胶水后的研究成果，反映了优秀女子青少年运动员在使用无机胶水中比赛战术诊断评价标准和技战术训练效果评价标准的特征。

3.4 我国优秀女子青少年乒乓球运动员集训期体能训练的特征

在我国乒乓球女子二队参加的青少年国际比赛中，由于参赛人数多，赛事的安排一般都非常紧凑，按照惯例是早上九点开始比赛，一直到晚上八九点结束，而且在一天的比赛中通常只有一次休息时间，往往是在下午的两点左右，休息时间约一个小时，比赛时间紧张的情况下这仅有的一次休息也不会安排。同时，如果比赛场馆离宾馆较远，即使有休息时间，教练员和运动员为了节约时间，经常也是自带食品在场地里休息，因此教练员和运动员在比赛期间都会在球馆里待一整天，直到晚上比赛完才回宾馆休息。比如，在为期一周的 2010 年世界青少年锦标赛中，中国乒乓球女子二队有四名运动员参加了比赛，分别是顾玉婷、朱雨玲、易芳贤和赵岩，进行了团体、单打、双打、混双比赛，而且所有比赛我国运动员都进入了决赛，其中除团体是亚军以外其他三项都是冠军，朱雨玲获单打冠军，顾玉婷和朱雨玲获双打冠军，顾玉婷获混双冠军，朱雨玲获混双亚军。在所有项目中，团体赛是最先进行的，我们输给了日本队，可见日本的技战术水平在某种程度上高于我国，但是在随后的单项比赛中，我们在女单和女双比赛中都战胜了日本，除技战术充分准备以外，充沛的体能储备也是夺冠的重要因素之一。由此可见，随着技战术水平的接近，体能成为世界青少年乒乓球运动员在竞争中取胜的关键，形成了"技术是基础，体能是关键"[1]的对抗格局，反映出体能训练在我国优秀女子青少年乒乓球运动员培养中的重要地位。

3.4.1 体能训练的理论基础

运动员体能指运动员机体的基本运动能力[2]，体能训练是通过有计划的方法和手段实现运动员机体运动能力从现实状态向目标状态转移的活动。

从图 3-11 可以看出，体能训练的过程本质上是内时间因素、内空间因素、外时间因素和外空间因素相互作用产生的协同效应，其协同水平[3]越高则运动员体能训练的效果越好。

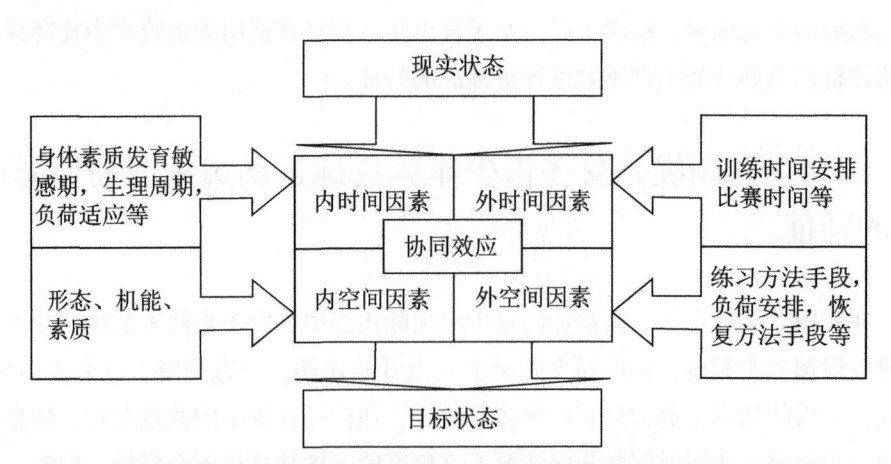

图 3-11　时空协同促进运动员体能由现实状态向目标状态转移示意图（依张英波 2000 改制）

---

[1] 王卫星，彭延春. 运动员体能与技战术发挥的关键 [J]. 北京体育大学学报，2007，30（3）：289-293.
[2] 体育院校通用教材. 运动训练学 [M]. 北京：人民体育出版社，2000.
[3] 张英波. 体能主导类快速力量性项群运动员竞技能力状态转移的时空协同理论 [J]. 体育科学，2000，20（4）：24-28.

参加全国优秀女子青少年乒乓球运动员集训体能的现实状态，主要是通过教练组对集训前在全国乒乓球优秀青少年集训选拔赛、全国优秀苗子乒乓球女运动员集训以及其他比赛中运动员的体能测试数据进行研究构成的，而目标状态是教练组根据以往全国优秀女子青少年乒乓球运动员集训体能测试情况、运动员体能的现实状态以及未来运动员体能发展的要求综合分析构成的。现实状态为运动员的参训建立了客观的起始点，目标状态为运动员的训练提供了发展的方向，围绕运动员的现实状态和目标状态，教练员为运动员体能训练制订相应的训练计划，高度协同体能训练的时间和空间因素，使运动员体能从现实状态向目标状态转移，最终实现运动员理想的体能水平。

在全国优秀女子青少年乒乓球运动员集训中，参训运动员的年龄范围为11~22岁（表3-21），年龄跨度之大决定了体能训练要特别注意运动员的内时间因素，主要包括：①运动员身体素质发育的敏感期（表3-55）；②运动员身体素质具有的波动性，比如11~14岁会出现第一个峰值，14~17岁会出现停滞或下降的趋势，从18~25岁会出现第二个峰值；③运动员的月经周期及其相关症状，主要包括经前期症状和月经期症状；④不同年龄阶段和生理周期阶段运动员对负荷的适应能力，比如在月经期，在做好准备活动的情况下，可以参加正常训练的抑制型和兴奋型运动员，相反，对病理型运动员应在训练时明显减少运动负荷。依据运动员年龄所处的阶段（内时间因素），对各年龄段运动员身体素质表现（内空间因素）提出不同的评价标准，体现了内时间因素和内空间因素的协同；依据运动员月经周期（内时间因素），安排不同的练习方法手段和负荷（外空间因素），体现了内时间因素和外空间因素的协同。

表3-55 女生身体素质发育敏感期[1]

身体素质	年龄（岁）
速度	11~13
速度力量	11~13
绝对力量	11~14
相对力量	12~13

---

[1] 中国乒乓球协会. 全国青少年奥运项目教学训练大纲——乒乓球 [M]. 北京：人民体育出版社，2011.

续表

身体素质	年龄（岁）
反应速度	9~14
动作速度	11~13
专项耐力	11~13
有氧耐力	11~13

全国优秀女子青少年乒乓球运动员集训的参训人员在参训的同时还肩负着各种比赛任务，比如在2010年夏训期间，运动员不仅肩负着与欧洲运动员集训的任务，而且部分运动员还肩负着集训期间的甲A比赛、朝鲜公开赛、中日韩三国运动会以及集训结束后的全国优秀青少年调赛，这就要求体能训练和恢复的方法手段（外空间因素）和运动员身体机能状态（内空间因素）要根据比赛时间（外时间因素）进行科学安排，实现外时间因素、外空间因素和内空间因素的高度协同，使运动员以最好的竞技状态参赛。

基于女子运动员特有的内时间因素和现代优秀运动员赛制的外时间因素，科学组织和实施体能训练，建立体能训练的空间因素（内空间因素与外空间因素）和时间因素（内时间因素与外时间因素）的有序协同机制[1]，取得最佳的协同整体效益[2]，实现运动员体能从现实状态向目标状态转移并形成新的稳定的体能状态，是我国优秀女子青少年乒乓球运动员集训体能训练的理论基础。

3.4.2 集训期体能训练的负荷安排

随着国内外青少年比赛的不断增加，中国乒乓球女子二队的比赛越来越多，比如从2010年2月冬训结束之后至8月就有5个重要比赛，分别是4月的四国邀请赛、7月的亚洲青少年锦标赛、8月的朝鲜公开赛、中日韩三国运动会和全国优秀青少年调赛，平均每个月一次比赛。这样高密度的比赛，决定了国家乒乓球女子二队教练组通过小周期模式对体能训练负荷进行安排。

在全国优秀女子青少年乒乓球运动员集训中，一次大循环比赛往往采用分组循环对抗赛的形式分阶段进行，比如在2011年冬训训练的安排中（附件四），把

---

[1] 赵刚, 刘丹, 严小虎. 足球运动员体能训练过程特征的研究 [J]. 体育科学, 2006, 26 (6): 47-50.
[2] 张英波. 现代体能训练方法 [M]. 北京：北京体育大学出版社, 2006.

36天的训练分为了六个阶段（见表3-28），在第二、四、六阶段的比赛之间，第三阶段和第五阶段的训练都在一周至两周。由于全国优秀女子青少年乒乓球运动员集训的时间和参训人数相对比较稳定，因此这种比赛分阶段安排并在比赛之间进行训练是2008年至2012年全国优秀女子青少年乒乓球运动员集训比较固定的训练安排方法，以此为基础，形成了体能训练小周期模式。

在体能训练小周期模式中，依据运动员最佳竞技状态的比例，把体能训练的负荷分为了六个等级（表3-56），在实践过程中，通过科学合理安排六个等级负荷的体能训练，特别是通过对调整（恢复）时机的合理把握，一周至两周的时间既能满足运动员体能赛后的恢复和赛前的准备，又能够满足一个完整的训练周，保证了一个相对完整的、训练内容可重复的基本训练单元[1]。

表3-56 强度分区和训练要求[2]

强度分区	训练要求	最佳竞技状态比例	负荷
5	很高	90%~100%	最大
4	高	80%~90%	大
3	中等	70%~80%	中等
2	低	50%~70%	小
1	很低	<50%	很小
恢复	恢复	无训练	恢复

图3-12是2011年冬训从2010年12月30日分组循环赛后至2011年1月13日分组对抗赛体能训练负荷的安排（训练计划详见附件四）。在两次比赛间隔的13天训练中，前三天安排了小负荷的恢复练习、社会公益活动、文化活动、写比赛总结等进行调整，不仅有利于运动员赛后的恢复、比赛总结和赛前的准备，而且可以丰富运动员的集训生活。三天调整后2011年1月3日进入了完整周训练的第一天，从周一到周日采用两段式的结构安排训练，周四和周日安排了两次半天的调整，周日调整前安排最大负荷的有氧跑训练，因此周日的体能训练负荷

---

[1] 周建梅，张志华，杨慈洲，等. 我国奥运备战女子网球运动员体能训练实践研究[J]. 北京体育大学学报，2010，33（6）：132-136.
[2] Tudor O Bompa，G Gregory Haff. 周期——运动训练理论与方法[M]. 李少丹，李艳翎，译. 北京：北京体育大学出版社，2011：169.

达到了最大，之后三天体能训练负荷逐渐减小，直到周四的分组对抗赛。从附件四可以看出，从1月15日分组对抗赛结束以后，也采用了类似图3-12所示的体能训练小周期模式，通过1月16日（周日）的调整和恢复性体能训练又进入下一个完整周训练，直到完成全部比赛。由此可见，在体能训练小周期模式中，从比赛到完整的训练周是通过恢复训练和调整来衔接的，而从完整的训练周到比赛是通过减负荷训练和调整来衔接的。

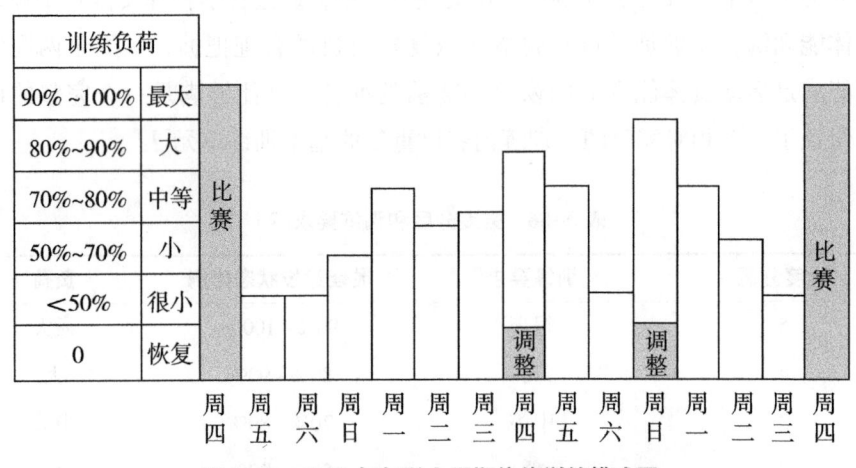

图3-12 2011年冬训小周期体能训练模式图

全国优秀女子青少年乒乓球运动员集训的小周期体能训练模式具有整体性和阶段性两个特点。对于国家乒乓球女子二队的队员，由于教练组对运动员体能的现实状态有一个比较系统的掌握，因此集训的体能训练具有良好的延续性，通过把这种训练单元进行有机地连接，就可以构成国家乒乓球女子二队运动员体能训练完整的中周期或者大周期的训练过程。对于省市运动员而言，在集训中运动员需要适应新的环境，同时集训的训练量和强度加大，竞争也更加激烈，运动员的压力普遍加大。通过调查，参加过集训的运动员3天以内就可以适应训练，且参加次数越多适应得越快，但是首次参加集训的运动员一般得3~5天才能适应训练，且竞技水平越高适应时间越短。可见，对于省市运动员而言，集训的体能训练属于运动员年度训练的一个阶段，教练组就要根据运动员现实状态，协同运动员体能训练的时空因素组织训练，向教练组制定的目标状态转移，以适应国家乒乓球女子二队集训和选拔人才的要求。

综上，在全国优秀女子青少年乒乓球运动员集训的小周期体能训练模式中，以完整的训练周和分组循环对抗赛为基础，通过六个等级的体能训练负荷进行合理安排，把训练周和比赛进行衔接。对于集训期不同的运动员而言，这种小周期模式在集训期中呈现出整体性和阶段性的特点。

3.4.3 集训期体能训练的内容安排

乒乓球属于技能主导类隔网对抗性项群，技术训练是乒乓球训练实践的核心，如何处理好技术训练和体能训练的关系是科学实施体能训练的关键，而每一次体能训练内容的安排可以看作是一次微周期，由若干微周期组成的小周期，每个微周期都有一个具体目标[1]，这些具体目标的实现和有机构成，才能实现运动员体能训练的目标状态。基于这一点，国家乒乓球女子二队教练组提出了"技术训练与体能训练融为一体"的训练理念，认为技术训练和体能训练不能孤立存在，而是应该把技术训练和体能训练有机地结合起来组织训练。

从表3-57可以看出，在2012年冬训的周训练内容安排中，有两次体能训练安排在技术训练前，有四次体能训练安排在技术训练后。从体能训练的内容来看，小负荷的灵敏协调练习和核心力量训练安排在技术训练之前，不仅能够起到技术训练准备活动的作用，而且能够锻炼运动员在一定负荷训练后保持技术稳定性的能力，这样的安排更接近实战的要求；中等负荷的各种力量训练和次大负荷的无氧跑则安排在技术训练之后，并保持技术训练的量，但是在大负荷的综合体能训练和有氧跑前则适当减少技术训练的量，保证体能训练的时间。在大早操中，如果安排小负荷的专项体能则安排发球练习，如果安排中等负荷的有氧跑就不进行技术训练。由此可见，在技术训练和体能训练的安排中，二者互为补充、互相促进。

表3-57 2012年冬训周训练内容安排

时间	周一	周二	周三	周四	周五	周六	周日
早晨	大早操					大早操	
上午	体能训练	技术训练	技术训练	自由加班	技术训练	队内比赛	规定加班
	技术训练	体能训练	体能训练		体能训练		

---

[1] 大卫·奥利弗，德纳·赫丽. 女子运动员体能训练 [M]. 闫琪，黄岩，孙科，等，译. 北京：北京体育大学出版社，2011：5.

续表

时间	周一	周二	周三	周四	周五	周六	周日
下午	技术训练	技术训练	技术训练	体能训练	技术训练	技术训练	
				技术训练		体能训练	
晚上	写训练日记	文化学习	机动安排	文化学习	业务学习	点名	
						周训练小结	

在"技术训练与体能训练融为一体"的训练理念中,除了合理组织技术训练和体能训练以外,如何挖掘技术训练和体能训练的融合点是使技术训练和体能训练真正融合的关键。体能训练分为一般体能训练和专项体能训练[1],而乒乓球技术具有稳定的动作模式[2],专项身体训练内容的动作结构、肌肉用力形式要尽量与之相似[3],专项体能也就成为技术训练和体能训练的交集(图3-13),以此为突破口,国家女子二队教练组特别重视通过提出具体的训练要求在技术训练中体现专项身体素质训练,比如在攻对削的稳拉稳削的单球训练中,在15分钟训练中规定完成30板×3组,提高运动员的专项耐力;在单球训练中安排杀高球和多球训练中安排杀半高球训练计划,提高运动员的专项力量;在多球训练中安排攻球两面摆速和削球长短结合,提高运动员的专项灵敏和速度素质;在多球训练中安排攻球推侧扑和削球全台两大角顶大板1.5分钟×2组的极限训练,提高运动员的专项耐力。

图3-13 体能训练与技术训练的融合

在集训期体能训练的内容安排中,充分体现了"技术训练与体能训练融为一体"的训练理念,实现了技术训练和体能训练的相互促进和融合。

---

[1]体育院校通用教材.运动训练学[M].北京:人民体育出版社,2000.
[2]张英波.动作矩阵与动作模式训练解码[J].体育科研,2011,32(4):21-25.
[3]唐建军.乒乓球专项身体素质训练内容、方法及训练控制的研究[J].体育科学,1998,18(5):35-37.

3.4.4 集训期体能训练的组织管理

3.4.4.1 体能训练中运动员的组织管理

在全国优秀女子青少年乒乓球运动员集训中，时间因素是体能训练运动员组织的主要因素，并按照分层分类原则进行组织实施。

如图3-14所示，体能训练分层的方法是：先将参训运动员分为国家队和省市队两个层次，然后根据女子运动员身体素质发育敏感期以及国家乒乓球女子二队选材的年龄要求，将省市运动员分为三个组，分别是：①13岁以下组；②14~15岁组；③16岁以上组。分类是指根据运动员实际情况进行区别对待，通常把运动员分为四个类别，分别是：①非月经期运动员；②月经期运动员；③参赛运动员；④伤病运动员。

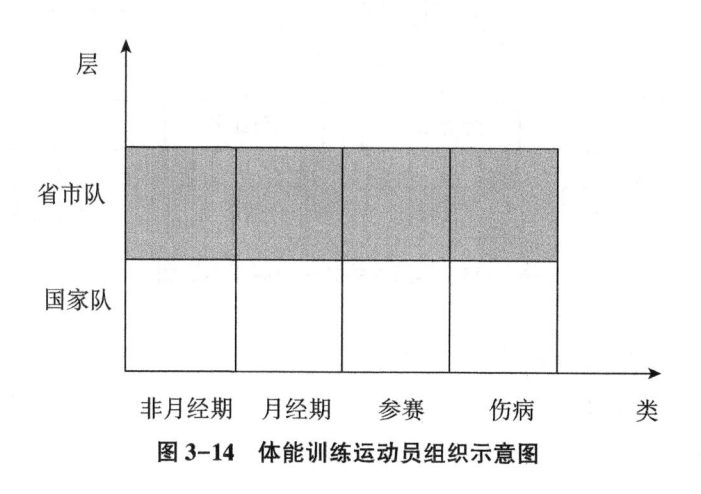

图3-14 体能训练运动员组织示意图

集训期运动员体能训练分类分层的组织管理方法，为不同运动员在体能训练中进行区别对待并最终实现体能训练时间和空间因素的高度协同奠定了基础。

3.4.4.2 体能训练中教练员的组织管理

在全国优秀女子青少年乒乓球运动员集训中，教练员是以国家队主教练和体能教练负责、各组教练分管、队医和科研教练协助的组织形式开展体能训练的。

如图3-15所示，根据运动员分层分类的实际情况，在国家队主教练和体能教练的主要负责下，以国家队分管教练为组长，将所有教练员分为四个组，这四个小组主要负责省市运动员三个组和国家队一个组的非月经期运动员的体能训练，每个小组一般为 4~5 名教练员。在体能训练中，制订统一的训练计划是体能训练实施的基础，各组教练员根据分管运动员的实际情况提出不同的训练要求，提高训练的针对性。与此同时，对于月经期的运动员，教练组安排个别女分管教练负责其体能训练；对于参赛运动员和伤病运动员则由体能教练亲自负责其体能训练，在队医的协助下，采取"一对一"甚至"二对一"的组织形式实施强针对性、高个性化的体能训练，保证参赛运动员以最佳的体能状态参赛，以及伤病运动员的康复。

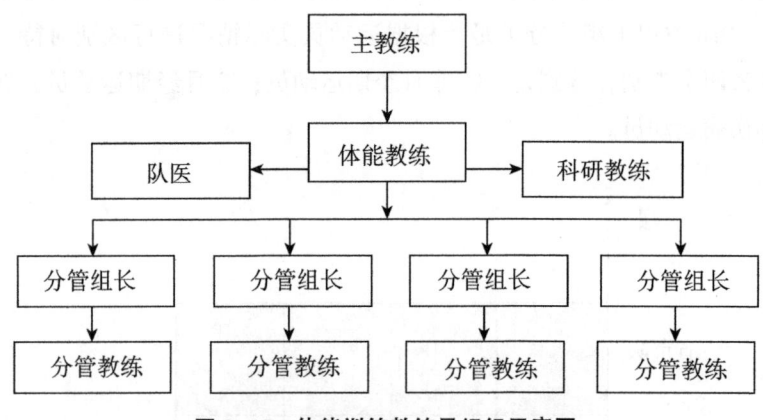

图 3-15 体能训练教练员组织示意图

在集训期的体能训练中，在国家队主教练和体能教练的主要负责下，依据体能训练的要求，充分调动每一名教练员的主观能动性，通过教练组的协同配合，实现了运动员体能训练的针对性和个性化目标。

3.4.5 集训期体能训练的目标状态

在 2008 年以前的全国优秀女子青少年乒乓球运动员集训中，只安排体能训练但是不对体能训练的目标状态进行要求，因此不能对体能训练的效果进行及时的检查和评价，也无法对体能训练的过程进行有效的控制。2009 年，国家乒乓球女子二队把体能测试成绩的积分要求正式写入《国家乒乓球女子二队 2009 年队内积分办法及管理条例》（详见附件三），并且制订了相应的测试指标及其标准，标志着全国优秀女子青少年乒乓球运动员集训体能训练目标状态的初步建立。

3.4.5.1 目标状态确定的理论依据

体能是由身体形态、机能、素质三个因素构成的,运动员体能发展水平是由其身体形态、身体机能及运动素质的发展状况所决定的[1]。在全国乒乓球优秀女子青少年集训中,在体能的三个构成因素中,主要运用身体素质对体能训练水平进行评价并为运动员体能训练的目标状态提供参考,其理论依据体现在以下两方面:

①经2002年11月至2003年1月全国2008年奥运选拔集训的研究证明,女运动员在形态指标上,不同竞技能力的三个训练组运动员之间无显著差异[2],这一研究的对象不论从年龄层次还是竞技水平与全国优秀女子青少年乒乓球运动员集训都很类似。同时,全国优秀女子青少年乒乓球运动员集训的参训教练员也认为,一方面身体形态并不是教练员选材的关键因素,另一方面通过现有选拔机制进入国家女子二队的运动员与国家女子一队的运动员在身体形态方面,比如在2011年的测量和比较中显示,国家女子一队和二队运动员的身高和体重并没有显著性差异(表3-58),因此,在全国优秀女子青少年乒乓球运动员集训中没有从身体形态方面对运动员的体能发展水平进行评价。

表3-58 国家女子一队和二队身高和体重的比较

算法	身高(厘米)		体重(千克)	
	国家女子一队	国家女子二队	国家女子一队	国家女子二队
平均值	166.5	165.9	59.0	57.8
标准差	4.6	3.8	5.0	4.2
p	$p>0.01$		$p>0.01$	

②形态机能变化与运动素质的改变存在先后性,即形态机能先迅速增长,之后运动素质才会随形态机能的继续增长而得到提高[3],由此可见,运动素质是形态机能量变到一定程度后产生的质变的外在表现。据此,教练员认为,一方面

---

[1] 体育院校通用教材.运动训练学[M].北京:人民体育出版社,2000.
[2] 邢文华.奥运优秀运动员科学选材的研究[M].北京:北京体育大学出版社,2008.
[3] 李汶凯,斐新贞,杨彤彤.青少年男子篮球运动员身体素质与形态机能指标变化的相关分析[J].上海体育学院学报,2004,28(6):49-52.

对于以选拔优秀运动员为最终目的的全国优秀女子青少年乒乓球运动员集训而言，只有通过"积分制"将运动员的选拔量化处理才能体现人才选拔的公平、公正、公开，身体素质测试的结果不仅易于量化、便于操作而且对于各省市的教练员和运动员具有较强的说服力，与此同时，身体素质测试的结果能够从侧面反映运动员形态机能的特点，对运动员的体能训练具有一定的指导意义。另一方面，形态机能的测试对于一次时间有限、人数众多的集训而言不仅烦琐而且无法量化处理、欠缺说服力。

综上可见，在全国优秀女子青少年乒乓球运动员集训中，选取典型的身体素质测试指标，通过身体素质综合评价运动员体能发展水平具有较强的现实意义。同时，身体素质的综合评价为训练计划的制订、有效地控制训练过程和选拔运动员提供客观依据[1]，可以作为运动员体能训练目标状态的重要依据。

3.4.5.2 目标状态的身体素质评价指标

身体素质测试是对我国优秀女子青少年乒乓球运动员集训期体能训练目标状态进行量化评价的重要手段。2009年以前，在全国优秀女子青少年乒乓球运动员集训中没有对运动员身体素质测试结果进行量化处理，但是随着体能测试成绩的积分纳入"积分制"中，要求对我国优秀女子青少年乒乓球运动员集训期身体素质测试进行规范化、量化安排。以此为指导，在2009年全国优秀女子青少年乒乓球冬训中，科研人员通过查询文献资料搜集了大量的隔网对抗性项目身体素质测试的指标，并让参加集训的教练员对各项指标按照10分制进行打分。首先依据全体教练员的打分结果对身体素质测试指标进行初选，其次国家女子二队教练组依据集训的实际情况对指标进行复选，最后确定了全国优秀女子青少年乒乓球运动员集训身体素质测试的指标。

在全国优秀女子青少年乒乓球运动员集训的身体素质测试指标中，重要程度依次是灵敏、速度、力量、耐力、柔韧，并且灵敏、速度和力量三者的得分都在9分以上，如图3-16所示。

---

[1] 张瑛秋，苏丕仁，祁国鹰. 对目前我国优秀少年儿童乒乓球运动员身体素质训练水平综合评价的研究[J]. 体育科学，1998，18（4）：49-52.

3 分析与讨论

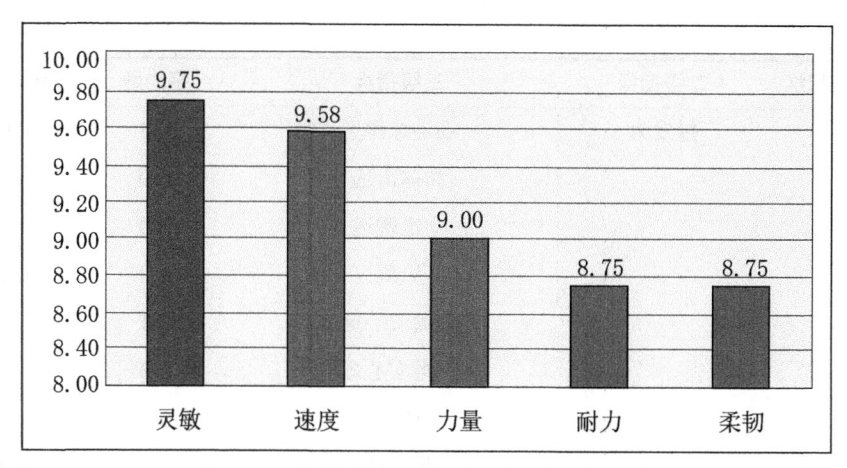

图 3-16 素质测试一级指标重要程度的调查

在素质测试的二级指标中，关于无氧耐力、动作速度、移动速度、反应速度和爆发力测试指标的得分都在 9 分以上，如图 3-17 所示。

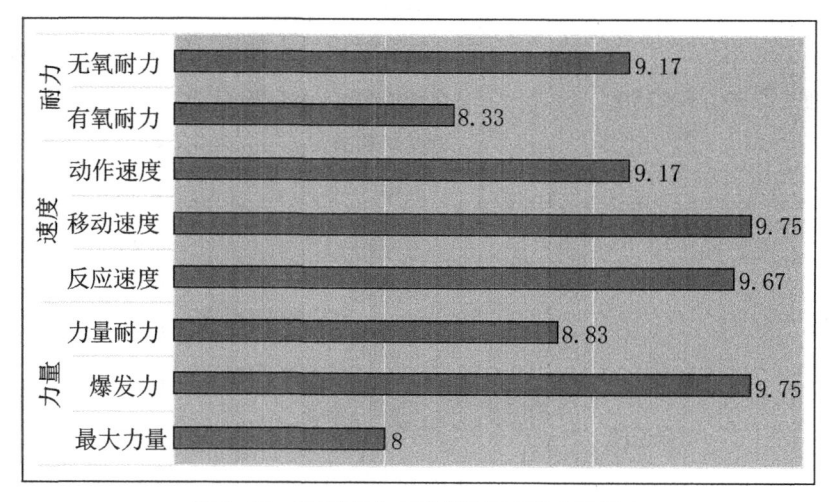

图 3-17 素质测试二级指标重要程度的调查

身体素质测试所有三级指标重要程度的调查结果如表 3-59 所示。

表 3-59 素质测试三级指标重要程度的调查结果

一级指标	二级指标	三级指标	平均数	标准差
力量	最大力量	举杠铃（最大公斤数）	8.3	1.2

续表

一级指标	二级指标	三级指标	平均数	标准差
	爆发力	羽毛球掷远	9.2	1.0
		扣球击远	9.0	1.1
		立定跳远	9.0	1.1
		纵跳	8.0	1.4
		前抛实心球	8.1	1.4
		后抛实心球	8.3	1.5
	力量耐力	引体向上	8.2	1.2
		俯卧撑	8.8	0.9
		仰卧起坐	9.5	0.7
		下蹲起	8.7	1.3
		8次杠铃箭步挺举	7.4	1.5
		哑铃弯举	9.0	1.1
		立卧撑	7.9	0.9
速度	移动速度	移动摸端线	9.3	1.1
		交叉步移动	8.8	1.3
		侧滑步	9.3	1.1
		30米跑	9.6	0.5
		60米跑	9.0	0.7
		100米跑	8.7	1.0
		结合技术百球测试	9.1	0.8
	动作速度	正手挥臂	9.4	0.9
		正反手结合挥臂	9.4	0.9
		单项技术百球测试	9.1	1.0
		主要技术录像解析	9.3	1.0
		双摇跳	9.3	1.0
	反应速度	简单反应时	9.0	0.9
		视动反应时	9.5	0.9
		综合反应时	9.4	0.9

3 分析与讨论

续表

一级指标	二级指标	三级指标	平均数	标准差
耐力	有氧耐力	跑台最大吸氧量	8.2	0.8
		功率自行车最大吸氧量	7.3	2.0
		上肢测功仪最大吸氧量	7.8	2.0
		台阶试验	7.9	1.1
		1500米跑	7.0	3.1
		3000米跑	8.8	0.9
		YoYo测试	7.0	1.9
		12分钟跑	6.9	3.5
		多球试验	9.3	0.8
	无氧耐力	400米跑	7.6	3.6
		800米跑	6.8	3.3
		跑台无氧域	8.6	1.6
		功率自行车无氧域	7.4	2.2
		上肢测功仪无氧域	8.2	2.1
		多球测试	9.4	0.8
灵敏	手上感觉	腕指关节自由度	9.4	0.9
		握力模仿	9.2	0.9
		发球落点测试	9.4	0.7
		主要技术稳定性测试	9.6	0.5
	身体灵活性	十字跳	9.1	0.9
		八字踩点	9.3	0.7
		绕台跑	9.3	0.7
柔韧		肩关节	9.3	0.8
		体前屈	8.8	1.1
		纵叉	8.2	1.5
		横叉	8.3	1.5
		下桥	7.0	3.2

根据表 3-59 的结果，将重要程度平均值低于 9 分的指标删除所剩指标就是身体素质测试的初选指标，如表 3-60 所示。

表 3-60　身体素质测试的初选指标

一级指标	二级指标	三级指标（依重要程度排序）
力量	爆发力	羽毛球掷远、扣球击远、立定跳远
	力量耐力	仰卧起坐、哑铃弯举
速度	移动速度	30 米跑、移动摸端线、侧滑步、结合技术百球测试、60 米跑
	动作速度	正手挥臂、正反手结合挥臂、主要技术录像解析、双摇跳、单项技术百球测试
	反应速度	视动反应时、综合反应时、简单反应时
耐力	有氧耐力	多球试验
	无氧耐力	多球测试
灵敏	手上感觉	主要技术稳定性测试、腕指关节自由度、发球落点测试、握力模仿
	身体灵活性	绕台跑、八字踩点、十字跳
柔韧		肩关节

依据身体素质测试指标的初选结果，经过国家乒乓球女子二队教练组的复选，最终确定了测试指标，如表 3-61 所示。

表 3-61　身体素质测试的复选指标

一级指标	二级指标	三级指标
力量	爆发力	立定跳远
	力量耐力	5 公斤哑铃 30 秒弯举
速度	移动速度	30 米跑、3.5 米侧滑步
	动作速度	45 秒双摇跳
耐力	有氧耐力	3000 米跑
灵敏	身体灵活性	八字踩点、1 分钟十字跳

从表 3-61 可以看出，国家乒乓球女子二队教练组在耐力素质的测试指标的复选中没有采用多球测试的方法，而是采用了 3000 米跑，主要原因是在多球测

试中喂球质量的可控性不高,因此测试结果的可比性不强。另外,在初选指标的基础上,国家乒乓球女子二队教练组对素质测试的器械重量、时间、距离等细则进行了规定。

可见,经过初选和复选,确定了我国优秀女子青少年乒乓球运动员集训期身体素质的三级评价指标,为把体能测试成绩的积分落实到全国优秀女子青少年乒乓球运动员集训"积分制"中奠定了理论基础。

3.4.5.3 目标状态的身体素质评价标准

在确定了身体素质测试指标以后,国家乒乓球女子二队教练组制订了各指标的测试方法(详见附件八),严格按照测试方法对参训运动员进行了测试,把所得数据按照运动员年龄分为 13 岁以下、14 至 15 岁、16 岁以上三个组,并对所得数据运用 SPSS 单样本 K-S 检验法进行检验,相伴概率 $p>0.05$,可见三个组各项身体素质测试统计数据服从正态分布。

在测试数据的基础上,国家乒乓球女子二队教练组将所测项目分为田赛和径赛两个类别,并运用离差法将统计结果分为 0 分至 5 分六个等级(表3-62),具体要求是:10%以上 5 分,30%以上 4 分,70%以上 3 分,90%以上 2 分,95%以上 1 分,5%以下 0 分。

表 3-62 身体素质测试评分标准一览表

得分	田赛项目	径赛项目
5 分	$\bar{x}+1.28s$ 以上	$\bar{x}-1.28s$ 以下
4 分	$\bar{x}+0.52s$ 至 $\bar{x}+1.28s$	$\bar{x}-1.28s$ 至 $\bar{x}-0.52s$
3 分	$\bar{x}-0.52s$ 至 $\bar{x}+0.52s$	$\bar{x}-0.52s$ 至 $\bar{x}+0.52s$
2 分	$\bar{x}-0.52s$ 至 $\bar{x}-1.28s$	$\bar{x}+0.52s$ 至 $\bar{x}+1.28s$
1 分	$\bar{x}-1.28s$ 至 $\bar{x}-1.64s$	$\bar{x}+1.28s$ 至 $\bar{x}+1.64s$
0 分	$\bar{x}-1.64s$ 以下	$\bar{x}+1.64s$ 以上

全国优秀女子青少年乒乓球运动员集训身体素质测试的具体标准如表 3-63 至表 3-65 所示。

表 3–63 16 岁以上组身体素质测试结果及评分标准

分数	立定跳远（米）	3.5 米侧滑步（个）	45 秒双摇跳（个）	1 分钟十字跳（个）	哑铃弯举（个）	八字踩点（秒）	30 米跑（秒）	3000 米跑（分）
$\bar{x}$	2.08	25.94	90.51	74.54	52.18	18.03	4.85	13.60
s	0.14	1.49	6.62	12.66	8.20	0.88	0.20	0.90
5 分	~2.25	~28	~99	~91	~63	~16.91	~4.60	~12.44
4 分	~2.15	~27	~94	~81	~56	~17.58	~4.75	~13.13
3 分	~2.01	~25	~87	~68	~48	~18.49	~4.96	~14.07
2 分	~1.90	~24	~82	~58	~42	~19.16	~5.11	~14.75
1 分	~1.85	~23	~80	~54	~39	~19.48	~5.18	~15.08
0 分	1.85~	23~	80~	54~	39~	19.48~	5.18~	15.08~

表 3–64 14 至 15 岁组身体素质测试结果及评分标准

分数	立定跳远（米）	3.5 米侧滑步（个）	45 秒双摇跳（个）	1 分钟十字跳（个）	哑铃弯举（个）	八字踩点（秒）	30 米跑（秒）	3000 米跑（分）
$\bar{x}$	2.02	25.25	87.29	71.43	47.56	18.67	4.91	14.13
s	0.14	1.46	8.61	12.34	4.54	0.89	0.22	0.98
5 分	~2.20	~27	~98	~87	~53	~17.53	~4.62	~12.88
4 分	~2.09	~26	~92	~78	~50	~18.21	~4.79	~13.62
3 分	~1.95	~24	~83	~65	~45	~19.13	~5.02	~14.64
2 分	~1.85	~23	~76	~56	~42	~19.81	~5.19	~15.38
1 分	~1.80	~23	~73	~51	~40	~20.13	~5.27	~15.73
0 分	1.80~	23~	73~	51~	40~	20.13~	5.27~	15.73~

表 3–65 13 岁以下组身体素质测试结果及评分标准

分数	立定跳远（米）	3.5 米侧滑步（个）	45 秒双摇跳（个）	1 分钟十字跳（个）	哑铃弯举（个）	八字踩点（秒）	30 米跑（秒）	3000 米跑（分）
$\bar{x}$	1.94	24.67	85.16	68.22	45.00	18.98	5.07	14.39
s	0.12	1.50	8.94	8.06	4.02	0.79	0.15	0.64
5 分	~2.10	~27	~97	~79	~50	~17.96	~4.88	~13.57
4 分	~2.00	~25	~90	~72	~47	~18.56	~4.99	~14.06

续表

分数	立定跳远（米）	3.5米侧滑步（个）	45秒双摇跳（个）	1分钟十字跳（个）	哑铃弯举（个）	八字踩点（秒）	30米跑（秒）	3000米跑（分）
3分	~1.88	~24	~81	~64	~43	~19.39	~5.15	~14.73
2分	~1.79	~23	~74	~58	~40	~19.99	~5.26	~15.21
1分	~1.75	~22	~70	~55	~38	~20.28	~5.31	~15.44
0分	1.75~	22~	70~	55~	38~	20.28~	5.31~	15.44~

在每次集训的体能测试中，国家乒乓球女子二队教练组根据实际需要一般选择5到6个项目进行测试，所有测试项目得分的平均值高于3分即为"积分制"中体能测试达标或者及格。

3.4.6 研究小结

①我国优秀女子青少年乒乓球运动员集训期的体能训练是通过有计划的方法和手段实现运动员机体运动能力从现实状态向目标状态转移的活动，其过程本质是时间因素和空间因素相互作用产生的协同效应。

②以全国优秀女子青少年乒乓球运动员集训训练内容的阶段划分为基础，采用小周期模式安排体能训练的负荷，对训练和比赛能够进行合理衔接，为适应现代赛制的需要提供参考依据。

③在我国优秀女子青少年乒乓球运动员集训期体能训练的内容安排中，要处理好体能训练与技术训练之间的关系，不断挖掘体能训练和技术训练的融合点，实现体能训练和技术训练内容的一体化。

④我国优秀女子青少年乒乓球运动员集训期体能训练时间因素和空间因素的协同是在集训队教练组协同配合下，通过运动员分层分类的组织管理形式实现的。

⑤身体素质综合评价标准的建立，为我国优秀女子青少年乒乓球运动员集训期体能训练的目标状态提供了依据。

4 结论与建议

4.1 结论

①根据运动员的成绩，公平、公正、公开地选拔适宜年龄的运动员是我国优秀女子青少年乒乓球运动员集训期的主要选拔准则，其中14至17岁的运动员是选拔和培养的重点。

②我国优秀女子青少年乒乓球运动员集训期的打法和地域都呈现出不均衡的状态，打法呈现出主流打法不仅人数多而且成绩突出的特点，地域呈现出从东部地区到西部地区人数减少、竞技水平降低的特点。

③在全国各地区中，参加2008至2012年全国优秀女子青少年乒乓球运动员集训人数比较多的省、市、自治区分别是：华北地区的北京和河北，东北地区的黑龙江和辽宁，华东地区的上海、江苏和山东，中南地区的湖北、河南和广东，西南地区的四川和云南，西北地区的新疆和陕西。

④我国优秀女子青少年乒乓球运动员的选拔手段是动态渐进的过程，其发展的方向越来越强调"以人为本"的思想，主要发展运动员的综合素质和全球视野，提高运动员可持续发展的能力。

⑤我国优秀女子青少年乒乓球运动员集训期训练计划内容是从宏观的阶段划分、中观的周训练计划、微观的训练教案三个层次进行安排的。在训练计划时间比例安排中，技术约占40%、体能和比赛分别约占25%、学习约占10%，同时，根据运动员综合能力培养的指导思想，计划要逐渐增加学习的时间比例，其发展目标是20%。

⑥我国优秀女子青少年乒乓球运动员集训期的大循环赛是采用分组循环对抗

赛的形式分阶段进行，比赛抽签的方法是分组蛇形排列，其原则是同单位和不同打法合理分开，这两个原则发生冲突的话同单位合理分开优先。循环赛和对抗赛的轮次编排方法是"1号位不动逆时针轮转"和"一组固定，另一组从尾到头轮转"，球台编排方法是"奇、偶轮流跳台"。

⑦我国优秀女子青少年乒乓球运动员集训期技战术诊断是在不断提出问题并解决问题的过程中揭示运动员技战术规律，实现对运动员技战术训练过程的有效控制。在这个过程中，存在两个矛盾，一个是教练员的经验和科研人员经验之间的矛盾，另一个是理论和实践的矛盾，只有解决了这两个矛盾，提出的问题才算根本解决。

⑧我国优秀女子青少年乒乓球运动员集训期技战术诊断的工具是集思维和操作的一体化，思维体现出实用主义的特点，操作采用的是集中突破定量诊断方法。

⑨我国优秀女子青少年乒乓球运动员集训期的体能训练是通过时间和空间因素相互作用，使运动员的运动能力从现实状态向目标状态转移的过程，时空因素的协同是在教练员协同配合下，通过运动员分层分类的组织管理形式实现的。体能训练负荷的安排采用小周期模式，体能训练内容的安排注重挖掘体能训练和技术训练的融合点，实现体能训练和技术训练的一体化。

⑩技战术诊断评价标准和身体素质评价标准源于全国优秀女子青少年乒乓球运动员集训的统计研究，这两个评价标准是动态的，可以根据实际情况加以调整。

4.2 建议

①在我国乒乓球后备人才培养中，中国乒乓球协会要建立和完善运动员年龄的诚信管理机制，建立运动员个人和运动队诚信档案，构建我国乒乓球后备人才培养的诚信管理体系。

②在我国的西部地区，要加大乒乓球运动的普及力度，让更多的青少年参与到乒乓球运动中来，逐步提高西部地区运动员的竞技水平，只有提高了西部本土运动员的竞技水平才能更好地解决后备人才地域分布不均衡的状态。

③在我国优秀女子青少年乒乓球运动员的打法培养过程中，非主流打法的培养依然不容乐观，还需要各阶层教练员的进一步重视，建议把本研究提出的教练

员理想模型作为运动队各种打法培养组成比例发展的近期目标。

④根据分组循环对抗赛的抽签编排的方法，建议制作相应的比赛组织管理软件，提高分组循环对抗赛的组织管理效率，解决比赛结束后教练员手工计算比赛成绩速度慢的问题。

⑤建议对我国优秀女子青少年乒乓球重点队员建立技战术诊断的数据库，有利于对重点队员技战术长年训练、比赛规律进行研究。

⑥在我国优秀女子青少年乒乓球运动员集训中，教练员、队医和科研人员要加强对运动员生理周期的调查和研究，建议制作运动员身体状况记录表，详细了解运动员的月经状况，以及经期时的身体感觉和心理感觉等，有利于对运动员实施及时的干预。

5 附 件

附件一 国家乒乓球女子二队 2008 年队内积分办法及管理条例

为了完善队伍的竞争机制和管理的各项规章制度，经国家乒乓球女子二队教练组商议决定，制定以下队内积分办法及管理条例。

一、实施升降方法

（1）运动员在二队积分前 3 名者和一队直接进行竞争比赛交流，第 4 个交流名额由教练组商议决定。前 4 名胜者升上一队或享一队待遇。

（2）积分靠后者和省市队进行交流比赛，负者淘汰回省，交流年龄的为 1991 年以后出生的，时间根据情况而定，特殊打法由教练组讨论研究酌情而定。

（3）二队 1990 年以前出生的运动员，队内积分在这个年龄段为靠后者由教练员讨论研究，和省市同年龄段交流或调整回省，特殊打法由教练组讨论研究酌情而定。

（4）参加一队封闭训练的二队队员积分酌情而定，原则上不参加与省市队的交流比赛，但在一队表现有不良反应的根据情况进行处罚。

（5）省市队员在全国优秀少年调赛中获单打冠军者直接进入二队，亚军与国家女二队交流。

（6）未尽事宜可由教练组研究决定。

二、实施细则

（一）比赛积分办法

（1）积分的比赛有全国锦标赛、超级联赛、甲A、甲B、队内大循环比赛。比赛积分见下表。

比赛名称	胜一场积分	负一场积分	备注
全国锦标赛	+4（胜二队或省市队队员） +16（胜一队队员） +20（胜世界排名前10的队员） +4（双打胜一队队员） +2（双打胜二队及省市队队员）	-4	团体前8名，但前16负不扣分 团体17名后胜+2分，负-4分 双打胜+2分，负-2分
超级联赛	+4（胜二队或省市队队员） +16（胜一队队员） +20（胜世界排名前10的队员） +4（双打）	-4 0	超级联赛根据出场率胜率及表现酌情而定
甲A	+4（胜二队或省市队队员） +16（胜一队队员） +20（胜世界排名前10的队员） +4（双打胜一队队员） +2（双打胜二队及省市队队员）	-4	进前8名+4分，负-2分 前2名+4分，负不扣分 冠军+6分，负不扣分 双打胜+4分，负-2分 胜一队+8分，负不扣分 胜世界前10名+16分 胜双打冠、亚军+4分，负不扣分 负一队不扣分 团体9名以后胜+2分，负-4分 双打胜+2分，负-2分
甲B	+2	-4	双打胜+2分，负-2分
队内大循环	+4	0	冠军+10分、亚军+6分、季军+4分

(2) 比赛成绩奖励积分。在全国锦标赛中获单打前 16 名+20 分、双打前 8 名+10。优秀运动员调赛冠军+30 分、亚军+15 分、季军+10 分、第 4 名+6 分、第 5 名和第 6 名+4 分。

(二) 比赛、训练作风及生活管理办法

1. 训练比赛方面

(1) 凡在队内外比赛中，消极比赛、在场上杀气不足、精神面貌差者，扣 10 分，罚跑 8000~10000 米。

(2) 凡在比赛场地和训练中，不服从安排、指导，顶撞教练者扣 10 分，根据情节严重情况做停训 1~2 天的处罚，看其他队员训练。

(3) 凡在比赛中敲球台、摔拍子、爆粗口者扣 4~8 分。

(4) 对集合迟到者扣 2 分，并罚款 50 元，第二次出现迟到现象者加倍罚款，扣 4 分。

(5) 规定每周写 2 篇训练日记，文化课上受到老师批评、违反纪律、不完成作业者，考试不及格扣 8~10 分。

2. 生活管理方面

(1) 对在作息制度以外的时间，使用计算机和手机者，给予扣 10 分、没收计算机和手机的处罚。

(2) 为严肃队伍的作息制度，对违反作息时间外出、迟归者，对熄灯后违规开回头灯者扣 10 分，并罚跑 10000 米。

(3) 平时除调整和休息日外，运动员一律不准外出。有事外出要向主教练请假、销假，违规者扣 10 分，并罚跑 10000 米。

(4) 运动员防范伤病意识不够，造成不良后果者给予扣 2~4 分的处罚。客观因素造成的伤病，教练组酌情处理。

(5) 运动员宿舍应保持整洁，房间内床上、桌上不得堆放杂物，地面清洁，每天起床后保持床上卧具叠放整齐，违者扣 8 分。

(6) 不准染发，不准佩戴项链、耳环等，违者扣 10 分。

(7) 二队明确规定不准谈恋爱，违者严肃处理。

(8) 对在集训、封闭训练等特殊时期违反生活管理条例者将从重处罚。

(9) 未尽事宜可由教练组研究决定。

注明：比赛、训练作风及生活管理基础共 50 分，违反规定超过 50 分者调整回省。

国家乒乓球女子二队

2008 年 1 月 4 日

附件二　国家乒乓球女子二队比赛、训练作风及生活管理积分表

姓名	比赛管理积分				训练管理积分				生活管理积分			
	日期	奖励	罚分	原因	日期	奖励	罚分	原因	日期	奖励	罚分	原因

附件三 国家乒乓球女子二队 2009 年队内积分办法及管理条例

为了完善队伍的竞争机制和管理的各项规章制度，经国家乒乓球女子二队教练组商议决定，制定以下队内积分办法及管理条例。

一、实施升降方法

（1）运动员在二队积分前 3 名者和一队直接进行竞争比赛交流，第 4 个交流名额由教练组商议决定。

（2）积分靠后者和省市队进行交流比赛，负者淘汰回省。原则上上半年一次、下半年一次，时间根据情况而定，特殊打法由教练组讨论研究酌情而定。

（3）参加一队封闭训练的二队队员积分酌情而定，原则上不参加与省市队的交流比赛，但在一队表现有不良反应的根据情况进行处罚。

（4）省市队员在全国优秀少年调赛中获单打冠军者直接进入二队（年龄不满 14 周岁除外）。

（5）体能及文化课测试不达标、不及格要扣分。

（6）器材不合格取消比赛成绩。

（7）未尽事宜可由教练组研究决定。

二、实施细则

（一）比赛积分办法

（1）积分的比赛有运会、超级联赛、甲 A、甲 B、集训及队内大循环比赛。比赛积分见下表。

比赛名称	胜一场积分	负一场积分	备注
全运会	+4（胜二队或省市队队员） +16（胜一队队员） +20（胜世界排名前 10 的队员） +4（双打胜一队队员） +2（双打胜二队及省市队员）	-4	团体前 8 名、单打前 16 名负不扣分 团体 17 名后胜+2 分，负-4 分 双打胜+2 分，负-2 分

续表

比赛名称	胜一场积分	负一场积分	备注
超级联赛	+4（胜二队或省市队队员） +16（胜一队队员） +20（胜世界排名前10的队员） +4（双打）	-4 0	超级联赛的基础分同甲A最高分相等
甲A	+4（胜二队或省市队队员） +16（胜一队队员，负不扣分） +20（胜世界排名前10的队员，负不扣分） +4（双打胜一队队员，负不扣分） +2（双打胜二队及省市队队员，负不扣分）	-4	进前8名胜+4分，负-2分 前2名+4分，负不扣分 冠军+6分，负不扣分 双打胜+4分，负-2分 胜一队+8分，负不扣分 胜世界前10名+16分 双打冠、亚军+4分，负不扣分 负一队不扣分 团体9名以后胜+2分，负-4分 双打胜+2分，负-2分
甲B	+2	-4	双打胜+2分，负-2分
集训及队内大循环	+4	0	集训： 冠军+20分、亚军+10分、季军+8分 队内大循环： 冠军+8分、亚军+4分、季军+2分

（2）比赛成绩奖励积分。在全运会中获单打前16名+20分、双打前8名+10分。优秀运动员调赛冠军+30分、亚军+20分、季军+12分、第4名+10分、第5名+8分、第6名+6分。

（二）比赛、训练作风及生活管理办法

1. 训练比赛方面

（1）凡在队内外比赛中，消极比赛、在场上杀气不足、精神面貌差者，扣

— 117 —

10分。

（2）凡在比赛场地和训练中，不服从安排、指导，顶撞教练者扣10分，根据情节严重情况做停训1~2天的处罚，看其他队员训练和比赛。

（3）凡在比赛中敲球台、摔拍子、爆粗口者扣4~8分。

（4）对集合迟到者扣2分，并罚款50元，第二次出现迟到现象者加倍罚款，扣4分。

（5）规定每周写2篇训练日记，文化课上受到老师批评违反纪律、不完成作业者，考试不及格扣8~10分。

2. 生活管理方面

（1）对在作息制度以外的时间，使用计算机和手机者，给予扣10分、没收计算机和手机的处罚。

（2）为严肃队伍的作息制度，对违反作息时间外出、迟归者，对熄灯后违规开回头灯者扣10分，并罚跑10000米。

（3）平时除调整和休息日外，运动员一律不准外出。有事外出要向值班教练或主教练请假、销假，违规者扣10分。

（4）运动员防范伤病意识不够，造成不良后果者给予扣2~4分的处罚。客观因素造成的伤病，教练组酌情处理。

（5）运动员宿舍应保持整洁，房间内床上、桌上不得堆放杂物，地面清洁，每天起床后保持床上卧具叠放整齐，违者扣8分。

（6）不准染发，不准佩戴项链、耳环等，违者扣10分。

（7）二队明确规定不准谈恋爱，也不准串男队员房间，违者严肃处理。

（8）对在集训、封闭训练等特殊时期违反生活管理条例者将从重处罚。

（9）未尽事宜可由教练组研究决定。

注明：比赛、训练作风及生活管理基础共50分，违反规定超过50分者调整回省。

国家乒乓球女子二队

2009年1月1日

附件四　2011年冬训训练时间内容及日程表

12月27日	12月28日	12月29日	12月30日	12月31日	1月1日
省市队员报到 晚上：8:00全队会	上午：技术训练 下午：技术训练 晚上：赛前准备	上午：分组循环赛（4轮） 下午：分组循环赛（4轮） 晚上：写比赛小结	上午：分组循环赛（3轮） 下午：分组循环赛（4轮） 晚上：写比赛小结	上午：黄石市元旦长跑 下午：技术训练 晚上：新年饭	上午：调整 下午：技术训练 体能训练 晚上：写训练日记

1月2日	1月3日	1月4日	1月5日	1月6日	1月7日
上午：技术训练 下午：技术训练 体能训练 晚上：21:00点名	上午：大早操（专项体能和发球） 体能训练 下午：技术训练 体能训练 晚上：文化课	上午：技术训练 体能训练 下午：技术训练 体能训练 晚上：业务学习	上午：技术训练 体能训练 下午：技术训练 体能训练 晚上：文化课	上午：大早操（长跑）调整 下午：技术训练 体能训练 晚上：文化课	上午：技术训练 体能训练 下午：技术训练 体能训练 晚上：机动安排

1月8日	1月9日	1月10日	1月11日	1月12日	1月13日
上午：大早操（专项体能和发球） 比赛日 晚上：休息	上午：训练或比赛 下午：调整 晚上：9:00点名	上午：大早操（专项体能和发球） 下午：技术训练 体能训练 晚上：文化课	上午：技术训练 下午：技术训练 体能训练 晚上：业务学习	上午：技术训练 下午：技术训练 体能训练 晚上：文化课	上午：大早操（牵拉和意念训练） 分组对抗（3轮） 下午：分组对抗（3轮） 晚上：写比赛小结

— 119 —

续表

1月14日	1月15日	1月16日	1月17日	1月18日	1月19日
上午：分组对抗（3轮） 下午：调整 晚上：写比赛小结	上午：大早操（牵拉和意念训练）分组对抗（3轮） 下午：分组对抗（3轮） 晚上：写比赛小结	上午：调整 下午：技术训练 体能训练 晚上：9:00点名	上午：大早操（专项）体能和发球 技术训练 下午：技术训练 体能训练 晚上：文化课	上午：技术训练 体能训练 下午：技术训练 晚上：业务学习	上午：技术训练 体能训练 下午：技术训练 晚上：文化课

1月20日	1月21日	1月22日	1月23日	1月24日	1月25日
上午：大早操（长跑）调整 下午：技术训练 体能训练 晚上：文化课	上午：训练或比赛 体能训练 下午：技术训练 晚上：机动安排	上午：大早操（专项）体能和发球 比赛日 下午：比赛日 晚上：休息	上午：体能测试 下午：文化考试 晚上：9:00点名	上午：大早操（专项）体能和发球 技术训练 下午：技术训练 体能训练 晚上：文化考试	上午：技术训练 体能训练 下午：技术训练 晚上：业务学习

1月26日	1月27日	1月28日	1月29日	1月30日	1月31日
上午：分组对抗（3轮） 下午：分组对抗（3轮） 晚上：写比赛小结	上午：大早操（牵拉和意念训练）分组对抗（4轮） 下午：调整 晚上：写比赛小结	上午：分组对抗（3轮） 下午：分组对抗（3轮） 晚上：写比赛小结	上午：大早操（牵拉和意念训练）分组对抗（4轮） 下午：调整 晚上：写比赛小结	上午：分组对抗（3轮） 下午：分组对抗（3轮） 晚上：写比赛小结	上午：分组对抗（4轮） 下午：集训总结

2月1日离开基地回省

注：将承情况另行通知。

附件五　2011年全国优秀女子青少年乒乓球运动员冬训总教案

阶段		内容	时间	要求
早操部分		①发球、意念训练、专项素质（周一、六） ②长跑（周四）	70分钟	①强化发球的规范，提高发球的质量和种类 ②意念训练精神集中、突破自我、练就杀气霸气 ③专项素质提高手步法动作的协调性和动作的准确性 ④长跑加强意志品质的磨炼
准备部分		①慢跑及各种徒手动作 ②原地徒手操 ③牵拉	20分钟	动作幅度大、规范、整齐
基本部分	体能训练	①徒手核心力量训练为主，专项灵敏速度为辅（周二、三、五） ②上下肢基础力量为主，协调性、速度、耐力为辅（周一、四、日）	上午40分钟 下午60分钟	①认真投入，思想集中 ②动作的规范做到位，保证质量 ③达到规定的指标
	技术训练	前三板技术 打下旋的能力 相持球攻防转换的能力	上午130分钟 下午150分钟	①提高发球的质量及三、五板抢攻的杀伤力 ②接发球多种手段和下一板衔接一体化 提高步法的跑动能力
恢复部分		①牵拉 ②慢跑	20分钟	①思想集中、精神放松，动力牵拉为主、静力牵拉为辅，教练员辅助队员进行练习 ②注意呼吸节奏，肌肉放松
学习部分		①语文课 ②数学课 ③综合课（哲学、历史等） ④业务学习	90分钟	①尊敬老师，认真听讲，不做小动作，不交头接耳 ②认真做课堂笔记 ③积极回答问题

注：（1）体能训练：周二、三、五技战术训练前（上午）周一、四、六技战术训练后（下午）。

（2）周一：语文课；周三：数学课；周四：综合课；周二：业务学习。

附件六 2011年全国优秀女子青少年乒乓球运动员冬训技术教案

上午　　　　130分钟　　　　　　　　攻对攻

序号	内容	时间	要求
1	对攻对拉	10分钟	准备活动
2	发球抢攻 ①周一、三、五 ②周二、四	5分钟×4组	①精练1~2套特长发球抢攻套路，强化三五板抢攻的质量，前5分钟稳定为主，后5分钟凶狠搏杀为主 ②发球者输1分，换发球。强化比分对心理影响，提高实战性
3	步法 ①两大角定点跑位 （周一、三、五） ②三点走位扑右 （周二、四）	15分钟×2组	①并步为主，结合交叉步，近台为主，中近台为辅 ②从正手位开始三点走位侧身扑右回中间，加强中间球的站位和步法调整及小碎步和重心转换
4	接发球 ①接正手台内球 （周一、三、五） ②接长球 （周二、四）	5分钟×4组	①以台内挑打和晃推为主，强化二四板的衔接 ②要求发全台长球，以反手中间为主，接发球提高接长球的判断意识和能力，强化第一板接发球的稳定性
	休息	5分钟	
5	相持球 ①一点对不定点 （周一、三、五） ②两斜对两直 （周二、四）	10分钟×2组	①副练方第一板反手从下旋拉起，要求主练方防守第一板的稳定性和控制好节奏落点的能力 ②步法以并步为主，不少于5个回合
6	个人计划	10分钟×2组	精练特长技术为主，弥补薄弱环节为辅
7	①杀半高球（周一、三、五） ②全台对拉（周二、四）	5分钟×2组	①放高球有机会转攻 ②要求10个来回两组

下午　　　　150分钟　　　　　　　　攻对攻

序号	内容	时间	要求
1	对攻	5分钟	准备活动

续表

序号	内容	时间	要求
2	反手对反手 ①周一、三、五 ②周二、四	①10分钟 ②5分钟×2组	①稳定性，要求板数 ②主练方强化反手发力抽、弹打，近台为主，结合中近台
3	步法 侧身扑右（斜线）对拉、对攻转全台	10分钟×2组	要求第一板从反手或正手拉起，加强双方相持球攻防转换的能力
4	发球抢攻 ①计分比赛（周一、三、五） ②正手抢攻两大角下旋球（周二、四）	①20分钟 ②10分钟×2组	①要求发球者必须在三板内得分，否则就算失分，每人发一个球换发球，11分为一局 ②强化发球抢攻正手的使用率
5	个人计划	10分钟×2组	精练特长技术为主，弥补薄弱环节为辅
	休息	5分钟	
6	发球	15分钟	精练一套特长发球。结合其他种类的发球
7	多球 全台拉下旋球 个人计划 极限训练	60分钟	①定点拉下旋（50个） ②全台冲不定点长球（50个） ③拉全台不规则下旋球即半高球（50个） 100个×2组 1.5分钟×2组 推侧扑（周一、三）

上午　　　　130分钟　　　　　　　　　　攻对削

序号	内容	时间	要求
1	对攻对拉	10分钟	准备活动
2	发球抢攻 ①周一、三、五 ②周二、四	5分钟×4组	①精练1~2套特长发球抢攻套路，强化三五板抢攻的质量，前5分钟稳定为主，后5分钟凶狠搏杀为主 ②发球者输1分，换发球。强化比分对心理的影响，提高实战性

续表

序号	内容	时间	要求
3	稳拉稳削 ①全台拉一点（正手） ②全台拉一点（反手）	①15分钟 ②15分钟	全台走位要求跑动范围大，提高跑动中拉弧圈命中率，各种击球点，规定板数30板×3组
4	接发球	5分钟×4组	接发球正手短球及反手和中间长球，强化接发球后衔接技术和战术组合
	休息	5分钟	
5	相持球	10分钟	①全台不定点拉、冲、扣10分钟。 ②削球加强削中反攻的战术套路及组合10分钟
6	个人计划	10分钟×2组	精练特长技术为主，弥补薄弱环节为辅
7	①杀半高球（周一、三、五） ②全台对拉（周二、四）	5分钟×2组	①放高球有机会转攻 ②要求10个来回两组

下午　　　　150分钟　　　　攻对削

序号	内容	时间	要求
1	对攻	5分钟	准备活动
2	反手对反手	10分钟	要求长胶挡、刮、磕和攻
3	全台稳拉稳削	20分钟	一、二组40个来回两组 三、四组30个来回两组
4	发球抢攻 ①计分比赛（周一、三、五） ②正手抢攻两大角下旋球（周二、四）	①20分钟 ②10分钟×2组	①要求发球者必须在四板内得分，否则就算失分，每人发一个球换发球，11分为一局 ②强化发球抢攻正手的使用率
5	个人计划	10分钟×2组	精练特长技术为主，弥补薄弱环节为辅
	休息	5分钟	
6	发球	15分钟	精练一套特长发球。结合其他种类的发球

续表

序号	内容	时间	要求
7	多球 全台拉下旋球 个人计划 极限训练	60分钟	①定点拉下旋球（50个） ②拉全台不规则下旋球即半高球（50个） ③一长一短（50个） 100个×2组 5分钟×2组 全台两大角顶大板（周一、三）

附件七 2011年全国优秀女子青少年乒乓球运动员冬训体能教案

顺序	内容	时间	要求
星期一下午	①哑铃： 持哑铃前绕臂、持哑铃后绕臂、持哑铃头后伸肘、持哑铃前臂屈伸、持哑铃单臂侧举、持哑铃飞鸟 ②冲圈跑	45~50分钟	①规范动作，明确认识，提高上肢力量 ②4~5人一组，在年龄段上达标时间有所区别，提高速度耐力能力
星期二上午	①准备活动： 活动跑、冲圈跑 ②核心力量： 前踢腿、转腰跳、侧前跨跑、并腿蹦跳上拍手跑、蹦跳叉腿上拍手跑、蹦跳叉腿上、后下拍手跑、侧身高抬腿跑、内收腿跑、前后摸地爬、蜘蛛爬、山羊跳、钻洞爬、重心下沉走、背人跑、推小车 ③启动摸挡板	45~50分钟	①进入状态快、充分调动、动作幅度大、规范、整齐、活动开身体 ②规范动作，向规范要成果，加强核心区域力量的训练 ③反应迅速、启动敏捷、来回完整
星期三上午	①准备活动： 活动跑、冲圈跑 ②核心力量： 前踢腿、转腰跳、侧前跨跑、并腿蹦跳上拍手跑、蹦跳叉腿上拍手跑、蹦跳叉腿上、后下拍手跑、侧身高抬腿跑、内收腿跑、搭球台侧面单腿全蹲起、搭球台正面单腿全蹲起、球台静力起、跳绳	45~50分钟	①进入状态快、充分调动、动作幅度大、规范、整齐、活动开身体 ②增强下肢平衡性、稳定性和下肢力量
星期四下午	①腰腹： 俯卧抬手腿、仰卧顶腰、侧桥抬腿、坐姿快速转腰、卧桥静力40秒、侧桥静力40秒、抱头前滚翻 ②力量： 卧推、负重蹲、综合器械力量 ③蛙跳	45~50分钟	①规范动作，明确认识，提高核心区域力量 ②卧推和负重蹲是基础力量，必须认真完成 ③年龄、能力不同，区别要求。提高下肢力量

续表

顺序	内容	时间	要求
星期五上午	①准备活动： 活动跑、冲圈跑 ②灵敏协调 ・标志物　　　　　各5组 ・反应球30个为一组　各5组 ・软梯　　　　　　　各5组 ・启动摸挡板	45~50分钟	①快速环绕、前后跑、左右摸 ②准确快速不落地接球、落地接球、互相传球 ③快速双腿前跳、左右交叉步、侧向进退步 ④反应迅速、启动敏捷、来回完整
星期日上午	①腰腹： 俯卧抬手腿、仰卧顶腰、侧桥抬腿、坐姿快速转腰、卧桥静力40秒、侧桥静力40秒、抱头前滚翻 ②跳绳： 双摇跳、单摇跳、单脚跳 ③长跑	50~60分钟	①规范动作，明确认识，提高核心区域力量 ②按时间规定完成数量，不能失误，注意手脚的配合 ③注意呼吸节奏与跑步节奏的协调配合，锻炼意志品质

附件八　全国优秀女子青少年乒乓球运动员身体素质测试方法

（1）立定跳远

测试意义：测试运动员的下肢力量。

场地器材：平地及米尺。

测试方法：受试者两脚自然开立站在起跳线后，脚尖不能踩线，原地两脚同时起跳，丈量起跳线后沿至最近落地点后沿的垂直距离。每人试跳三次，取最好成绩。记录单位为米，取小数点后两位。

注意事项：起跳时不能有助跑和助跳动作。

（2）3.5米侧滑步

测试意义：测试运动员的移动速度。

场地器材：两条平行的白线，间距3.5米及秒表。

测试方法：受试者脚踩一条白线站好，当听到"开始"的口令之后，运动员可使用任何乒乓球步法，在两条白线之间移动（3.5米），每次必须脚踩白线，记录运动员30秒脚踩白线的次数。

注意事项：每次移动必须脚踩白线。

（3）双摇跳

测试意义：测试运动员的动作速度。

场地器材：运动场地及塑料跳绳。

测试方法：受试者手持跳绳站好，当听到"开始"口令后，运动员应以最快速度进行双摇跳，记录运动员45秒双摇跳的次数。

注意事项：必须跳一次手摇两次跳绳。

（4）十字跳

测试意义：测试运动员的灵敏素质。

场地器材：固定场地及秒表。

测试方法：受试者两脚并拢站在起跑线后，当听到"开始"口令后，跳入"1"号区域，并面向"2"号区域之后，以最快速度跳入"2"号区域，并面向"3"号区域……（见图1），按1、2、3、4的顺序循环进行，记录1分钟内顺序正确、不踩线，并面向方向正确的跳动次数。

注意事项：①测试前应向受试者讲解仪器的使用方法，并允许其试验。②如受试者过于疲劳应允许其适当休息。

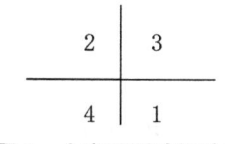

图1 十字跳测试场地图

（5）哑铃弯举

测试意义：测试运动员上肢的力量耐力。

场地器材：5公斤哑铃。

测试方法：运动员执拍手手握哑铃站好，握哑铃手臂伸直放在体侧，当听到"开始"口令后，运动员收前臂、手腕将哑铃举起，哑铃触上臂为一次，记录30秒运动员完成动作的次数。

注意事项：上举时受试者的哑铃触上臂、还原时触大腿为一次，否则不记录成绩。

（6）八字踩点

场地器材：固定场地及秒表。

平整场地上滑移"8"字图形（见图2），开始前，运动员站于D处，听到"开始"口令后用滑步按 DA→AB→BC→CD→DC→CB→BA→AD 的顺序移动，再重复一次，计其所需时间。移动时必须采到点上，否则不予计算。

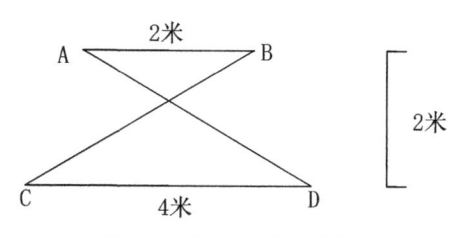

图2 八字踩点测试场地图

注意事项：①测试前应向受试者讲解仪器的使用方法，并允许其试验。②如受试者过于疲劳应允许其适当休息。

（7） 30 米跑

测试意义：测试运动员的移动速度。

场地器材及规则均与标准田径测试相同。

（8） 3000 米跑

测试意义：测试运动员的耐力。

场地器材及规则均与标准田径测试相同。

附件九 访谈、问卷调查人员信息

1. 《全国优秀女子青少年乒乓球运动员集训选拔准则》问卷调查对象

姓名	工作单位	姓名	工作单位
韩华	中国乒乓球女子二队	王鹏	辽宁省乒乓球队
黄海城	中国乒乓球女子二队	翟秀平	八一乒乓球体工队
阎森	中国乒乓球女子二队	汪艳	武汉乒乓球队
陈振江	中国乒乓球女子二队	张志超	河南省乒乓球队
杨杰锋	中国乒乓球女子二队	门娟	山东省乒乓球队
陈彬	中国乒乓球女子二队	王晶	八一乒乓球体工队
张琴	中国乒乓球女子二队	张磊	八一乒乓球体工队
任国强	中国乒乓球女子二队	许琴	浙江省乒乓球队
刘健	江苏省乒乓球队	杜朋	河南省乒乓球队
何建平	广东省乒乓球队	黄文文	中国乒乓球学院
郑祺	上海市乒乓球队	陈新	四川省乒乓球队
吕宏	黑龙江省乒乓球队	刘赛	山东省乒乓球队
侯蕊	八一乒乓球体工队	顾晓飞	辽宁省乒乓球队
何玉蓉	湖北省乒乓球队	郭佳	中国乒协乒乓球运动学校
刘丽丽	河北省乒乓球队	李悦玲	广西乒乓球队
刘婧婵	山东省乒乓球队	朱文韬	湖北省乒乓球队
郑海	广东省乒乓球队	李圣洁	山东省乒乓球队
巩炳林	八一乒乓球体工队	凌伟超	广东省乒乓球队
王金	河北省乒乓球队	曹丽思	北京乒乓球队
王翔	江苏省乒乓球队	马双英	天津乒乓球队
邓建平	河南省乒乓球队	刘昆	河北省乒乓球队

2.《全国优秀女子青少年乒乓球运动员集训身体素质综合评价》问卷调查对象

姓名	工作单位	姓名	工作单位
韩华	中国乒乓球女子二队	何建平	广东省乒乓球队
陈振江	中国乒乓球女子二队	王鹏	辽宁省乒乓球队
杨杰锋	中国乒乓球女子二队	翟秀平	八一乒乓球体工队
陈彬	中国乒乓球女子二队	汪艳	武汉乒乓球队
张琴	中国乒乓球女子二队	王翔	江苏省乒乓球队
吕宏	黑龙江省乒乓球队	邓建平	河南省乒乓球队

3.《一支乒乓球队运动员打法类型最佳构成》问卷调查对象

姓名	工作单位	姓名	工作单位
韩华	中国乒乓球女子二队	侯蕊	八一乒乓球体工队
陈振江	中国乒乓球女子二队	何玉蓉	湖北省乒乓球队
杨杰锋	中国乒乓球女子二队	刘丽丽	河北省乒乓球队
阎森	中国乒乓球女子二队	刘婧婵	山东省乒乓球队
黄海城	中国乒乓球女子二队	郑海	广东省乒乓球队
刘健	江苏省乒乓球队	巩炳林	八一乒乓球体工队
何建平	广东省乒乓球队	王金	河北省乒乓球队
郑祺	上海市乒乓球队	王翔	江苏省乒乓球队
吕宏	黑龙江省乒乓球队		

4.《全国优秀女子青少年乒乓球运动员集训科学化训练》访谈对象

姓名	工作单位	姓名	工作单位
李振国	国家体育总局乒乓球羽毛球运动管理中心	刘健	江苏省乒乓球队

续表

姓名	工作单位	姓名	工作单位
陆元盛	国家体育总局乒乓球羽毛球运动管理中心	汪艳	武汉市乒乓球队
张晓蓬	国家体育总局乒乓球羽毛球运动管理中心	张志超	河南省乒乓球队
齐宝香	国家体育总局乒乓球羽毛球运动管理中心	门娟	山东省乒乓球队
赵霞	国家体育总局乒乓球羽毛球运动管理中心	翟秀平	八一乒乓球体工队
严春锦	国家体育总局乒乓球羽毛球运动管理中心	巩炳林	八一乒乓球体工队
吴焕群	国家体育总局体育科学研究所	何建平	广东省乒乓球队
肖丹丹	国家体育总局体育科学研究所	顾晓飞	辽宁省乒乓球队
韩华	中国乒乓球女子二队	曹丽思	北京市乒乓球队
黄海城	中国乒乓球女子二队	李悦玲	广西乒乓球队
阎森	中国乒乓球女子二队	祖国伟	广东花都体校
陈振江	中国乒乓球女子二队	许琴	浙江省乒乓球队
杨杰锋	中国乒乓球女子二队	何玉蓉	湖北省乒乓球队
陈彬	中国乒乓球女子二队	吕宏	黑龙江省乒乓球队
张琴	中国乒乓球女子二队	王金	河北省乒乓球队
任国强	中国乒乓球女子二队	马双英	天津市乒乓球队
胡汉平	中国乒乓球女子二队	陈新	四川省乒乓球队
张瑛秋	北京体育大学	李圣洁	山东省乒乓球队
黄文文	上海体育学院	郭佳	中国乒协乒乓球运动学校

附件十　问卷和访谈提纲

一、《全国优秀女子青少年乒乓球运动员集训选拔准则》问卷

尊敬的教练员：

您好！

这是一份关于全国优秀女子青少年乒乓球运动员集训选拔准则的问卷，问卷分两部分，第一部分是个人信息，第二部分是参训运动员选拔准则重要程度评价，填写大概需要占用您10分钟的时间，请您根据实际情况和个人的理解进行客观的填写。

对您的支持表示衷心的感谢！

第一部分　个人信息

1. 您的年龄：_____

2. 您的性别：_____

3. 您的职称：_____

4. 您的最高学历：_____

5. 您执教的年限：_____

6. 您执教的最好成绩：_____

第二部分　参训运动员选拔的准则

说明：分数代表各选拔准则的重要程度，5分至1分表示重要的程度逐渐降低，请在各选拔准则相应的分值表格中划"√"。

选拔准则	5分	4分	3分	2分	1分
公平公正公开选拔					
运动员年龄真实性					
运动员成绩择优					
运动员适宜年龄优先					
特殊地区运动员优先					
运动员特殊打法优先					
全国各地区运动员均衡					

二、《全国优秀女子青少年乒乓球运动员集训身体素质综合评价》问卷

尊敬的教练员：

您好！

这是一份关于全国优秀女子青少年乒乓球运动员集训身体素质综合评价的问卷，问卷分两部分，第一部分是个人信息，第二部分是身体素质综合评价指标重要程度的评价，填写大概需要占用您 30 分钟的时间，请您根据实际情况和个人的理解进行客观的填写。

对您的帮助表示衷心的感谢！

第一部分　个人信息

1. 您的年龄：_____
2. 您的性别：_____
3. 您的职称：_____
4. 您的最高学历：_____
5. 您执教的年限：_____
6. 您执教的最好成绩：_____

第二部分　身体素质综合评价重要程度的评价

说明：分数代表各指标的重要程度，1 分至 10 分表示重要的程度逐渐增加，请在各指标相应的分值表格中划 "√"。

1. 一级指标

一级指标	1	2	3	4	5	6	7	8	9	10
力量										
速度										
耐力										
灵敏										
柔韧										

2. 二级指标

一级指标	二级指标	1	2	3	4	5	6	7	8	9	10
力量	最大力量										
	爆发力										
	力量耐力										
速度	反应速度										
	移动速度										
	动作速度										
耐力	有氧耐力										
	无氧耐力										

3. 三级指标

一级指标	二级指标	三级指标	1	2	3	4	5	6	7	8	9	10
力量	最大力量	举杠铃（最大公斤数）										
	爆发力	羽毛球掷远										
		扣球击远										
		立定跳远										
		纵跳										
		前抛实心球										
		后抛实心球										
	力量耐力	引体向上										
		俯卧撑										
		仰卧起坐										
		下蹲起										
		8次杠铃箭步挺举										
		哑铃弯举										
		立卧撑										

续表

一级指标	二级指标	三级指标	1	2	3	4	5	6	7	8	9	10
速度	移动速度	移动摸端线										
		交叉步移动										
		侧滑步										
		30米跑										
		60米跑										
		100米跑										
		结合技术百球测试										
	动作速度	正手挥臂										
		正反手结合挥臂										
		单项技术百球测试										
		主要技术录像解析										
		双摇跳										
	反应速度	简单反应时										
		视动反应时										
		综合反应时										
耐力	有氧耐力	跑台最大吸氧量										
		功率自行车最大吸氧量										
		上肢测功仪最大吸氧量										
		台阶试验										
		1500米跑										
		3000米跑										
		YoYo测试										
		12分钟跑										
		多球试验										
	无氧耐力	400米跑										
		800米跑										

续表

一级指标	二级指标	三级指标	1	2	3	4	5	6	7	8	9	10
耐力	无氧耐力	跑台无氧域										
		功率自行车无氧域										
		上肢测功仪无氧域										
		多球测试										
灵敏	手上感觉	腕指关节自由度										
		握力模仿										
		发球落点测试										
		主要技术稳定性测试										
	身体灵活性	十字跳										
		八字踩点										
		绕台跑										
柔韧		肩关节										
		体前屈										
		纵叉										
		横叉										
		下桥										

三、《一支乒乓球队运动员打法类型最佳构成》问卷

尊敬的教练员：

您好！

这是一份关于一支乒乓球队运动员打法类型最佳构成的问卷，问卷分两部分，第一部分是个人信息，第二部分假设一支乒乓球队运动员由10人构成，您认为在执拍手、握拍法和打法类型中分别有几名运动员是该球队最科学、合理的打法类型的构成。填写大概需要占用您10分钟的时间。

对您的支持表示衷心的感谢！

第一部分　个人信息

1. 您的年龄：_____

2. 您的性别：_____

3. 您的职称：_____

4. 您的最高学历：_____

5. 您执教的年限：_____

6. 您执教的最好成绩：_____

第二部分　一支乒乓球队运动员打法类型的最佳构成

说明：在执拍手、握拍法和打法类型三部分中，总人数为10人。

1. 执拍手

左手_____人；右手_____人。

2. 握拍法

直拍_____人；横拍_____人。

3. 打法类型

横拍两面反胶_____人；横拍颗粒打法_____人；

直拍两面反胶_____人；直拍颗粒打法_____人；

削球打法_____人。

4. 《全国优秀女子青少年乒乓球运动员集训科学化训练》访谈提纲

访谈对象：参加全国优秀女子青少年乒乓球运动员集训的领导、教练员、专家教授

访谈方式：面谈

访谈内容：

1. 您认为全国优秀女子青少年乒乓球运动员集训在我国女子乒乓球梯队建设中处于什么样的地位？发挥着怎样的作用？

2. 您如何认识我国乒乓球"全国一盘"的梯队建设理念？

3. 您认为全国优秀女子青少年乒乓球运动员集训的参训运动员地域分布是否合理，为什么？

4. 您认为全国优秀女子青少年乒乓球运动员集训参训运动员的年龄结构是否合理，为什么？

5. 您认为怎样的集训才是高效率的集训？

6. 您认为在我国女子乒乓球后备人才培养中对各种打法的培养应注意哪些方面？

7. 您认为我国乒乓球女子二队现在实行的"积分制"还有哪些方面需要进一步改进？

8. 您认为在我国现有的乒乓球技战术诊断的方法、工具、评价标准等方面中，有哪些需要进一步完善？

9. 您认为在全国优秀女子青少年乒乓球运动员集训的体能训练中有哪些方面需要进一步完善？

10. 您认为在全国优秀女子青少年乒乓球运动员集训的组织管理中有哪些方面需要进一步完善？

后 记

本研究是在张英波教授悉心指导下，由本人独立完成的。张英波教授是我的博士生导师，他对我的研究给予了非常大的帮助。初识张老师是在硕士期间动作学习与控制的课堂上，当时我就被张老师博学睿智的学者风范和一丝不苟的求实态度所吸引。读博士三年来，张老师光明磊落的胸襟、严谨的治学作风、勤勉的工作态度深深地影响和鞭策着我。以张老师为榜样，我在学习、生活、工作中时时刻刻严格要求自己，始终不忘张老师对我的教诲，不辜负张老师对我的期望。在此，对张老师表示衷心的感谢。

另一位对我的研究给予莫大帮助的老师是张瑛秋教授，从2000年步入北京体育大学读书开始，张瑛秋教授就是我在求学之路上的导师。2005年，张老师把我带到国家乒乓球女子二队做跟队科研工作，在她的教导和培养下，提高了我的科研能力、拓宽了我的科研视野、丰富了我的科研经历，为本书的撰写积累了大量宝贵的素材。不仅在科研方面，在与张老师相处的二十几年中，她还教会了我做人、做事、做学问，对我的人生观、世界观产生了巨大影响。在此，学生向张老师致意。

感谢国家体育总局乒乓球羽毛球运动管理中心的各位领导、国家体育总局体育科学研究所的各位领导、国家乒乓球女子二队的教练员和运动员，以及多年来参加全国优秀女子青少年乒乓球运动员集训的各省市教练员和运动员，正是有了你们辛勤的工作才有了本书的宝贵素材。

感谢北京体育大学各位老师对我的培养。

感谢同窗的友谊。特别感谢师兄严春锦、师姐肖丹丹、同学郑富强、李恩荆、张凤彪、成波锦、胡海旭及师妹郭玲玲给予我的帮助。同时，对在博士学习生活中给予我关心和帮助的所有朋友一并致以由衷的感谢。

　　博士毕业虽已六年多，但那一段求学经历仍历历在目，那段经历对我的教学、训练、科研来说是一座宝藏。随着人生阅历的丰富，我在这座宝藏中不断挖掘出新的财富，从而指导我现在和未来的工作。